Fr. Lettres. 8513.

Cat. de Nyon. 14874.

FESTIN
JOYEUX,
OU,
LA CUISINE
EN MUSIQUE,
EN VERS LIBRES.
PREMIERE PARTIE.
Le prix est de trois livres broché.

A PARIS,

Chez { LESCLAPART Pere, rue Saint André des arcs, vis-à-vis la rue Pavée, à l'Espérance couronnée.
ET
LESCLAPART Fils, Quay de Conti, entre la rue de Nevers & la rue Guenegaut, à l'Espérance couronnée.

M. DCC. XXXVIII.
Avec Approbation & Privilége du Roi.

ÉPITRE
DÉDICATOIRE
AUX DAMES DE LA COUR.

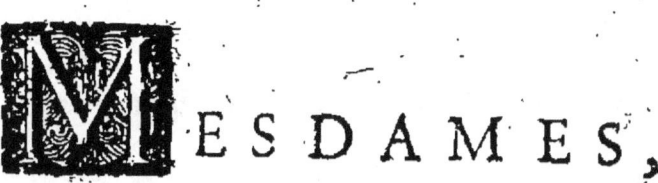ESDAMES,

Ce seroit en vain que je m'efforcerois de faire ici votre panegyrique, un Officier de bou-

a ij

EPISTRE.

che n'ayant étudié que dans la perfection de son Art, ne peut pas sçavoir la Rhétorique pour parler avec éloquence du mérite de votre Séxe. Il n'y a que les parfaits Orateurs qui puissent célébrer dignement le vrai & bon caractére des Dames de leur siécle. Si c'étoit une loi indispensable que tous ceux qui écrivent, dûssent avoir autant de pompe & d'élévation de génie, que le demandent les différentes matieres, je n'aurois pas eu la témérité du sujet que j'ose présenter à des Dames, qui ont le goût & la délicatesse dans l'art du discours.

Je prens seulement la liberté, MESDAMES, de vous dé-

EPISTRE. v

dier ce petit Traité pour vous délasser de quelque lecture plus sérieuse. Cet Ouvrage a pour titre : Festin joyeux, ou, La Cuisine en Musique, qui pourra vous servir d'amusement & de récréation, aussi utile qu'agréable ; puisqu'en chantant vous pourrez, MESDAMES, enseigner à faire des ragoûts & sausses à quelqu'uns de vos sujets subalternes pour vous réjouir : je crains cependant que les repas que l'on y voit, ne soient pas assez exquis pour la délicatesse de votre goût, mais j'espére, MESDAMES, qu'en cherchant dans le tableau des mêts que renferme ce petit volume, vous en trouverez peut-

EPISTRE.

être quelqu'un qui sera digne de votre attention, sans oublier le respect & l'attachement soumis avec lesquels j'ai l'honneur d'être,

MESDAMES,

Votre très-humble & très-obéissant serviteur
J. LEBAS.

PRÉFACE.

Voici un titre nouveau que j'ose présenter au Public, c'est pour ainsi dire un chef-d'œuvre ; peut-être sera-t-on surpris qu'un Officier de Cuisine ait inventé de la mettre sur des Airs de Cour & Vaudevilles : on sçait cependant que la jalousie, l'envie dans chaque Profession a toujours régné, même les Auteurs des Ouvrages les plus célebres n'ont point été à l'abri de la cenfure, nul n'eft capable d'effacer l'impreffion de la médifance fatyrique des envieux, tous remplis qu'ils font de leurs préjugez, les meilleures raifons ne font aucune impreffion fur leurs efprits. L'Auteur ne fe flatte pas d'être verfé dans les fciences, il a feulement compofé ce que l'on peut voir dans ce volume; il n'avance qu'une partie de ce qu'il a expérimenté depuis plufieurs années, dont il a eu l'applaudiffement des Princes & des autres Seigneurs illuftres fous le Régne de Louis quinze, depuis fon Sacre & Couronnement à

PREFACE.

Reims, où il s'est trouvé dans les Repas les plus superbes & les plus magnifiques, dans le cours du mois d'Octobre 1722.

Il ne doute pas qu'un autre de cette Profession n'en pense davantage, il supplie le Lecteur plus lettré de lui passer les fautes & la cadence des Vers burlesques ou libres, qui n'y sont pas comme Monsieur Scaron auroit mis dans un pareil sujet, ou nouveau genre d'écrire des ragoûts & sauffes en Musique ; il fait seulement voir le projet d'un petit Repas servi de treize plats à

PREFACE.

chaque Service. Le surplus est un Ambigu.

> Vous qui êtes sensé homme sage
> Faites-nous quelque chose de mieux,
> Si vous en sçavez davantage,
> Le Festin en sera plus joyeux.

J. L. B.

APPROBATION.

J'Ai lû par ordre de Monseigneur le Chancelier un manuscrit qui a pour titre : *Festin joyeux, ou la Cuisine en Musique*, dont on peut permettre l'Impression. A Paris le 29 Août 1737.

CHERIER.

On trouve chez les mêmes Libraires les Chanſons & la Bibliothéque bleue.

EXPLICATION

TABLE DE QUATORZE A QUINZE COUVERTS, SERVIE DE TROIS SERVICES A TREIZE.

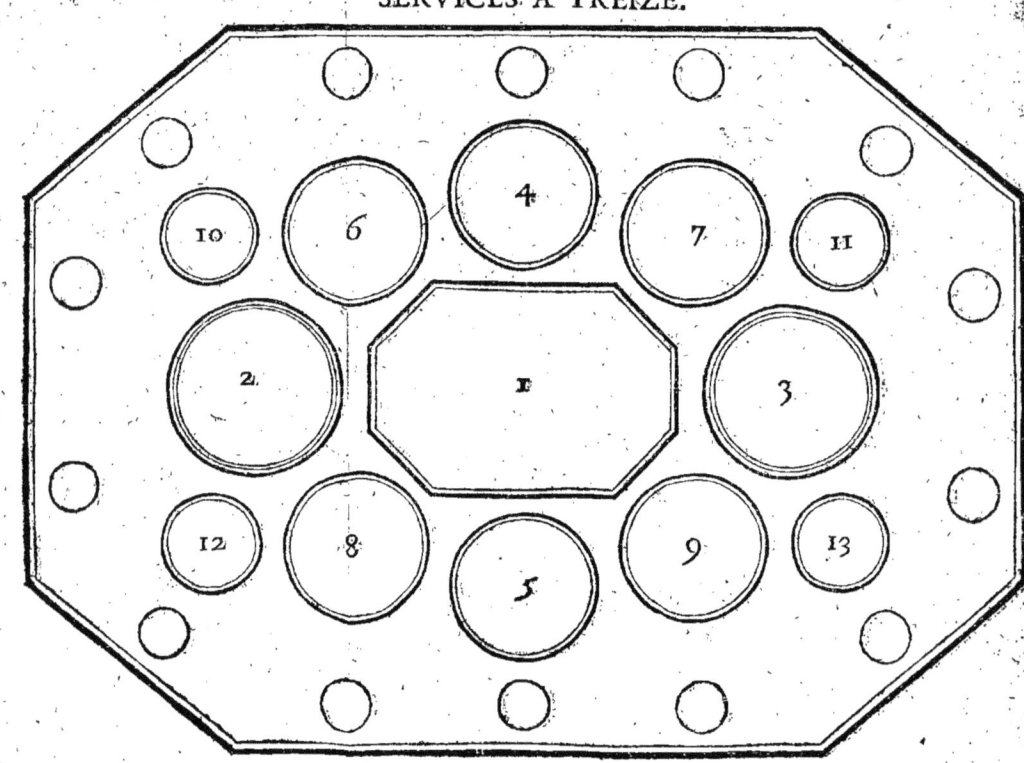

FESTIN
JOYEUX,
OU,
LA CUISINE
EN MUSIQUE,
EN VERS LIBRES.

Table de douze à quinze Couverts, servie de trois Services de Cuisine à treize.

✥✥✥✥✥✥✥✥✥✥✥✥✥✥✥✥✥✥

PREMIER SERVICE.
POUR LE MILIEU,

Un grand plat d'une Carpe à la Chambord.

Sur l'Air : *Quand Moyse fit deffense.*

UNe Carpe des plus belle,
Ecaillez des deux côtez,
Qu'elle soit toute nouvelle
Quand vous l'aurez acheté.

a

Otez l'oüie par avanture,
Dessous faites une ouverture,
Vuidez ce qui est dedans
Pour la remplir à l'instant.

※

Faites larder la surface
En plein, en ôtant la peau,
De petit lard que l'on fasse,
Comme à un fricandeau ;
Un ragoût fait d'importance,
Mettez-vous dans la dépense,
D'ortolans ou pigeonneaux,
Champignons & ris de veau.

※

Passez ce ragoût ensemble,
De truffles, de mousserons,
Que tout ici se rassemble,
En coulis de veau, jambon,
Mettez sel, bouquet, épices,
N'ayez aucune avarice,
Qu'il soit fini de bon goût,
Réfroidissez ce ragoût.

Remplissez-en donc la carpe
Par dessous adroitement,

Et que rien ne vous échappe,
Avec culliere d'argent,
On la met cuire à la braise,
En casserole à l'aise
Bien des bardes de cochon,
En jus & vin Bourguignon.

❧

Le sel, poivre ensuite,
Fines herbes à propos :
Cette carpe étant cuite,
La tirerez sur son dos,
Vous la glacez, c'est la mode,
D'une maniere commode ;
D'un caramel de bon jus.
Que vous répandez dessus.

❧

Dans un beau plat des plus propre,
Vous la mettrez dedans,
Et d'une essence dans l'ordre,
De veau, de jambon friand,
Des fricandeaux en bordure,
De veau ou d'anguille sure,
L'écrevisse a de l'agrément,
Pour un joli ornement.

MANIERE DE FAIRE
UN BON CORPS DE BOUILLON

Pour plusieurs Potages.

Sur l'Air de *Joconde*.

Du bœuf de cimier excellent,
Gigot de veau, ensuite
Collet de mouton seulement
Mis dans une marmite,
De l'eau claire abondamment,
Ecumez à votre aise,
Donnez-y vos soins prudemment
A l'ardeur de la braise.

Préparez un bon chapon,
Et poule de mérite,
Qui fortifiera ce bouillon,
Les racines ensuite,
Mettez des oignons & navets,
Sel & cloux, c'est la mode,
Poireaux, Celeri, s'il vous plaît,
C'est la bonne méthode.

ou la Cuisine en Musique.

Ce bouillon fait avec soin,
Clarifié doit être ;
En cinq heures non pas moins
La cuisson doit paroître :
Tirez-le donc sans plus tarder,
N'en faut pas davantage,
Vous le laisserez reposer,
Pour en faire le potage.

POTAGE DE TESTE
D'AGNEAU, ET COULIS
A LA REINE.

Sur l'Air : *Si ton cœur belle Iris commence à s'enflammer.*

LE bouillon étant fait tirez-le dans
 pot,
Ou dans une bonne terrine,
Trempez le pain sans dire mot
A la servante Catherine.

Le blanc d'un bon chapon ou de poulets rôtis,

Amandes douces échaudées,
Des jaunes durs aussi
Toutes ensemble bien pilées.

Avec mie de pain mitonnez ce coulis,
Et le passez à l'étamine,
Ayant mêlé le tout parmi,
Cette soupe est des plus fine.

La soupe mitonnée mettez têtes d'agneau,
Ou poularde nommée campine,
Versez donc le coulis bien chaud,
Le jus de citron le rafine.

Pour faire le cordon ayez les pieds bien cuits,
Les foyes que l'on nomme fressure,
Tout cela se met & s'en suit,
Pour en faire une bordure.

AUTRE BORDURE.

La freſſure & les pieds par tranches
faut couper,
Pour la bordure du potage;
On vous invite d'en manger,
Suivant la coutume & l'uſage.

POTAGE D'UN OISON

OU CANNETON,

A LA PURÉE DE POIS VERDS.

Sur l'Air : *Vous qui vous mocquez*
par vos ris, &c.

IL faut avoir un bon oiſon,
Otez-lui ſon plumage,
Trouſſez-le de bonne façon
Au printemps de ſon âge,
C'eſt dans cette belle ſaiſon,
Qu'on le met en potage.

Etant cuit dans un bon bouillon,
Le meilleur que l'on aime,

De pois verds en faut un litron,
Blanchissez-les de même,
Du persil verd y est très-bon,
Son mérite est extrême.

Vous les pilez dans un mortier,
Ou bien une bassine,
De-là vous les faites tirer
Pour une purée fine,
Tout cela se fait sans tarder
Dedans votre cuisine.

Coupez des racines & panets
Dans une casserole,
Basilique, senriette exprès,
Peu de mie de pain molle,
Ce coulis sera très-parfait,
Sans aller à l'école.

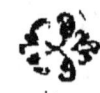

Mitonnez donc les pois pilez,
Avec herbe fine,
Après les avoir passé
Au lard sans farine,

ou la Cuisine en Musique.
Vous les passez & repassez
Dedans une étamine.

Le brouet de pois étant fait,
Mitonnez le potage,
En croutes de pain mollet,
Ou autre, c'est l'usage,
Je vous déclare le secret
Dans cet apprentissage.

Etant tiré dessus le feu,
Arrangez la bordure,
Mettez l'oison dans le milieu,
Césperges en verdure,
Versez le coulis en ce lieu,
Servez-le à coup sûr.

Festin joyeux,

I. HORS-D'OEUVRE

Sur l'Air : *Cher Bacchus.*

Entrée d'allouettes au gratin,
Est des fines entrées,
Mettez-les cuire le matin,
Etant bien retroussées,
Dans une braise assaisonnez,
A présent c'est la mode,
Etant cuites les tirerez
D'une bonne méthode.

Ayez un hachis qui soit bon,
En coulis bien mêlé,
Enfoncez-le dans un plat rond,
Etant assaisonné ;
Rangez les allouettes dessus,
Voilà tout le mystére,
Mettez des bardes par dessus,
Coupées à l'ordinaire.

Mettez-les cuire pour certain
Au four, ou sur la braise,
Afin qu'il se fasse un gratin,
Que l'on aime & qui plaise :
Etant cuit dégraissez le plat,
Essuyez la bordure,
Ce ragoût fait assez d'éclat,
Quand le goût en est sûr.

Un joli coulis de jambon
Que nous nommons essence,
Dont faut arroser le pigeon,
Ou allouettes, je pense,
La bigarade de son jus
Ce n'est pas friandise,
Vous l'exprimerez bien dessus,
Malgré ce qu'on en dise.

II. HORS-D'OEUVRE.

PIGEONNEAUX INNOCENS
AUX ECREVISSES.

Sur l'Air : *Petits moutons qui dans la plaine.*

Innocentes petites bêtes,
Vous périssez par le tranchant,
Et de votre cage en sortant,
On vous saigne à la tête.

Dépouillez-les de leur plumage,
Les vuidez, troussez rondement,
Mettez-les dans l'eau chaudemement,
Faites donc ce ménage.

Ces pigeonneaux on les fricasse,
Ris de veau, crêtes & mousserons,

ou la Cuisine en Musique.

Le coulis de veau & jambon
Convient dans cette place.

COULIS D'ECREVISSES.

Les écrevisses étant pilées,
Mitonnez-les dans du bouillon,
Joignez-y du pain qui soit bon,
Que toutes soient passées.

Le coulis en rouge couleur,
Incorporez dans le ragoût ;
Assaisonnez-le de bon goût,
Il n'est sausse meilleure.

III. HORS-D'OEUVRE

PIEDS D'AGNEAUX OU DE MOUTONS FARCIS.

Sur l'Air : *Quand on a prononcé ce malheureux oui, oui.*

D'Agneaux ou de moutons les pieds sont admirables,
L'on en donne partout dans les entrées de table ;
Mettez-les cuire en plein dans l'assaisonnement,
D'une braise mouillée du jour précédent.

Etant cuits de bon goût ayez farce très-fine,
Tirez-les sur un plat, ou dans une terrine,
Otez-en tous les os, étendez-les très bien,

Pour les farcir d'un godiveau des plus fin.

Faites mie de pain blanc, portez dans la paſſoire,
Ayez des œufs battus, cet œuvre il faut faire ;
Mettez-les un à un dans ces œufs préparez,
Dans la poudre de pain enfin les pannerez.

Ayez de beau ſaindoux bien chaud ne les ſurprendre,
Etant bien colorez, tirez-les ſans attendre,
Dreſſez-les ſur un plat orné de perſil frit,
Cette couronne leur donnera du crédit.

xvj Festin joyeux.

IV. HORS-D'OEUVRE.
PETITS PASTEZ
A L'ESPAGNOLLE.

Sur l'Air : *Il faut que je file, file,*
soit de la laine ou du lin.

IL faut que je vous le dise,
Je ne vous cacherai rien,
Malgré que l'on en médise
Vous avez le tout en main :
Il faut que je vous le dise,
Je ne vous cacherai rien.

Détrempez fleur la plus belle,
D'un œuf, sel, beurre, de l'eau
La façon l'air me rappelle,
Il est vraiment du plus beau :
Détrempez, &c.

ou la Cuisine en Musique.

La pâte bien assemblée
Coupez-la en six morceaux,
Ayez saindoux de l'année,
Et fondu sur les fourneaux.
La pâte, &c.

Commençons par une abaisse
De l'étendre finement,
Le saindoux faut qu'il engraisse,
Et soit tenu chaudement :
Commençons, &c.

Avec une aîle de poule,
Ou de ces chapons du Mans,
Il faut que le saindoux coule,
Et en mettre fortement :
Avec une, &c.

Roulez-la bien ce me semble,
Commençant du haut en bas ;
Dessus une l'autre s'assemble,
Continuez le même amas :
Roulez-la, &c.

Le saindoux fait la finesse
de cet ajustement,
Il faut que soit par adresse,
Et bien faire ce roulement.:
Le saindoux, &c.

Faut que la pâte repose,
Pendant ce temps vous ferez,
Bon hachis l'on vous propose,
De perdrix que vous aurez.:
En coulis de même sorte,
Et bien l'assaisonnerez.

Dans des petites tourtieres
La pâte étenderez,
Faites-la fort légere,
Aussi-tôt les remplirez;
De ce hachis le plus noble,
Couvrez-les & les dorez.

Avec le saindoux même
Après les enfournerez,
Etant bien cuits on les aime,
Et vous les découvrirez.:
Pour y mettre bonne essence,
Chaudement les servirez.

HUIT MOYENNES ENTRÉES.

PREMIERE ENTRÉE.

TOURTE OU PASTÉ
DE LAPEREAUX.

Sur l'Air : *Des Feuillantines.*

Faites tout avec honneur
De bonheur,
Apprenez donc de bon cœur,
A bien faire une tourte,
Pour que tout
Pour que tout
Le monde en goûte.

Prenez deux petits lapereaux,
Qu'ils soient beaux,
Coupez les bien par morceaux,
Et conservez les deux têtes,
De ces deux   bis
Charmantes bêtes.

xx *Festin joyeux.*

 Gardez aussi les deux foyes
Avec joye,
Ils satisferont vos souhaits,
Pour en faire une farce,
Qu'elle soit   *bis*
De bonne grace.

    ❈

 Faites pâte comme moi,
Sur ma foi
Vous la ferez bien je crois,
En mettant beurre & farine,
Qu'elle soit   *bis*
Belle & bien fine.

    ❈

 Metez avec l'eau,
Bel & beau,
Prenez-en dedans un sceau ;
Vous mêlerez tout ensemble,
En ferez   *bis*
Deux morceaux amples.

    ❈

 Vous les étendrez,
Donnerez
Quatre tours à votre gré,

Puis après dans la tourtiere,
Une abaisse   bis
Toute entiere.

❧

Mettez farce dans le fond
Sans façon,
Rangez lapereaux qui soient bons,
Assaisonnez-les d'épices,
De beurre   bis
Sans avarice.

❧

Bardes de lard, champignons,
Mousserons,
Persil, ciboule ou oignons,
Couvrez la tourte bien sûre,
D'une belle   bis
Couverture.

❧

Vôtre four étant chauffé,
Enfournez
La tourte, & la dorez ;
Laissez-la trois heures entieres,
N'y touchez   bis
N'y touchez gueres.

❧

xxij *Festin joyeux.*
En apprêtant le dîner,
Ou souper,
Et ce qu'il faut pour manger,
Il faut faire dans cette fête,
Un coulis   *bis*
Bon de la tête.

Pilez-les dans un mortier
Tout entier,
Mettez jus pour l'humecter ;
Passez tout à l'étamine,
Le coulis   *bis*
De bonne mine.

Tirez la tourte ou pâté
Bien dressé,
Vous devez être charmé,
Pour la finir & conclure,
Levez donc   *bis*
La couverture.

Mettez le coulis dedans
Tout fumant,
Un jus de citron venant,

ou la Cuisine en Musique.   xxiij

Elle répand bonne odeur,
Servez-la   bis
A la bonne heure.

Il faut bien la dégraisser,
Et ôter
Les bardes cuites en tirer,
Sans cela aucun mérite,
La tourte   bis
Etant cuite.

DEUXIEME ENTRE'E.

TERRINE DE QUEUES DE MOUTONS, AISLERONS DE DINDONS

Aux choux.

Sur l'Air : *Je ne veux de Tyrcis.*

Mettez queues de moutons blan-
   chir doucement,
Ailes de dindons tout ensemble,
Petit lard, choux de Milan,
Et que tout ici se rassemble.

Ayez tranches de bœuf mises dedans
un pot,
Ou dans une bonne marmite,
Et que le tout soit aussi-tôt
Très-bien renfermé ensuite.

Que l'assaisonnement sel, poivre,
cloux, oignons,
Bardes de lard, & d'importance
N'y mettez point de champignons,
Pour épargner la dépense.

Enfermez bien cela, étouffez tout
sans eau,
Que dans son jus cuise la viande,
Ayant bien fermé le vaisseau,
De l'attention cela demande.

Le tout bien cuit, ayez du bon coulis
De veau, de jambon, & ayez essence,
Dégraissez bien ayant tout mis,
Et en terrine de fayence.

Arrangez

ou la Cuisine en Musique.

Arrangez proprement tout ce qui est
    dessus,
Avec des saucisses fines,
Et les choux dedans & dessus
    Servez, elle aura grande mine.

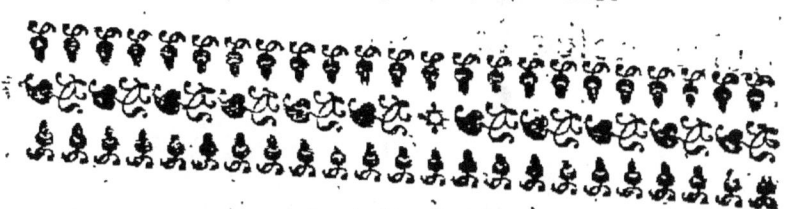

TROISIEME ENTRÉE.

POULETS OU CAILLES

A LA HOLLANDOISE.

Sur l'Air : *Des Pélerins de Cythere,*
   ou, *de saint Jacques.*

Mettez poulets gras à la cendre,
   Bien la fermez,
Je voudrois vous le faire entendre,
   Soyez charmez
Des bardes d'un bon cochon gras,
   En abondance,
De veau coupez sans embarras,
Et jambon de Mayence.

Assaisonnez de sel, épice,
   Le tout entier,

xxvj   *Festin joyeux*,
Vous les roulez sans artifice
Dans du papier ;
Vous les serrez très-fortement
En couverture,
En cendre chaude les mettant
Cuire chose très-sûre.

☙

D'un excellent beurre faut prendre,
Un bon morceau,
Une poignée de persil tendre
Blanchi dans l'eau,
Vous le presserez fortement
A toute outrance,
Pour les achever joliment
Dans ce peu de dépense.

☙

Dans un plat d'argent ou terrine
Faites l'apprêt,
Mêlez le persil de grand mine,
Et beurre frais :
Des échalottes joindrez,
Sel & muscade,
Un anchois que vous laverez,
Jus d'orange, bigarade.

☙

Voyez enfin sans plus attendre
Vos deux poulets,
Sont bien cuits & devenus tendres
Comme panets;
Tirez-les de l'endroit fermé
Dessous la cendre,
En les voyant serez charmé,
Proprement les faut prendre.

Servez vos poulets en fayence
De vrai Japon,
Ou plat d'argent d'importance,
Dessus le tout
Mettez la sauffe de bon goût,
Toute bouillante,
Qu'elle soit mise par dessus
D'une façon charmante.

QUATRIEME ENTRÉE.

NOIX DE VEAU
EN FRICANDEAUX GLACEZ.

Sur l'Air : *Beautez plus friandes qu'un chat.*

Choisissez bon cuisseau de veau,
Mais qu'il soit blanc & qu'il soit beau,
Levez les noix mortifiées,
Faites-les piquer proprement,
De-là en casserolle étamée
Mettez-y l'assaisonnement.

Très-peu de sel & un bouquet,
Mouillez de bouillon clair & net,
Ou de très-bonne eau de fontaine,
Mettez-y truffles & champignons,
A la Cour de France certaine
On les cuit de cette façon.

ou la Cuisine en Musique.

Mais à la fin de leur cuisson,
On réduit à peu le bouillons,
Alors il se fait une glace,
Qui rend ce ragoût des plus beaux,
Dorez en dessus la surface,
Servez-le en coulis bien chaud.

CINQUIEME ENTRE'E.

CANARD DE MEUNIER.

A LA MONTMORENCI.

Sur l'Air : *Almanach, Almanach nouveau.*

Poularde ou chapon nouveau,
 Gras venant du pays de Caux,
Desossez-le dessus la table,
Etendez bien farce dedans,
Ensuite un ragoût agréable,
Que vous ferez des plus friands.

Composez-le de champignons,
Foye gras, ris de veau, mousserons,
Le sel, poivre n'est pas cher,

xxx *Festin joyeux.*
Joignez-y un très-bon bouquet,
Et le passez, c'est la maniere,
Mettez-y coulis clair & net.

Cela étant fait de bon goût,
Laissez réfroidir ce ragoût,
Et l'enfermez dans vos poulardes,
Dans leur forme les conservez,
A la braise dedans des bardes
De lard les ferez cuire assez.

Etant donc cuit de façon,
Tirez la poularde ou chapon
Dans un plat d'argent ou fayence,
Tenez le bord bien proprement,
Et repandez-y bonne essence,
Servez cette entrée chaudement.

On les pique de petit lard comme les candeaux pour les faire cuire à la broche ou on les glace dans la casserolle pour changer.

SIXIEME ENTRÉE.

LA FRICASSÉE DE POULETS.

Sur l'Air d'une Musette : *Dans nos champs l'amour de Flore.*

LEs poulets dedans l'eau nette,
Faut les mettre
Ne le sçavez-vous pas,
On les coupe dans un repas,
On les mêle avec le lard gras,
En bassine,
Casserolle,
Ou terrine
Portez sur un fourneau ardent.
On la tourne,
Et retourne
Souvent.

❋

Vous les poudrez de farine
Belle, fine,
Champignons un bouquet,
On les mouille pour cet effet

xxxij   *Festin joyeux.*
Avec de l'eau du robinet,
Peu de sel,
Moins de poivre,
Qui fait boire
Selon votre discrétion,
On y goûte,
Voilà toute
La liaison.

Jaunes d'œufs, crême, muscade,
Prenez garde,
Et le persil haché,
On la tourne & la retourne,
Vous mêlez tout dans la fricassée,
Sur la braise,
Ou fournaise,
A son aise
Portez chauffer & la tournez,
On la dresse
Par adresse :
Servez.

Sur un plat ou assiette,
La poulette
Prodigue ses appas ;
La finesse & tendresse

ou la Cuisine en Musique.

Les friands y prennent leurs ébats ;
Son cœur tendre,
Sans attendre
Va se rendre,
Aîles, cuisses, foye & brichet,
D'un air tendre
Faut l'entendre
C'en est fait.

SEPTIEME ENTRE'E.

PERDREAUX

SAUSSE A L'ESPAGNOLLE.

Sur l'Air : *Petits oyseaux rassurez-vous.*

PEtits perdreaux venez chez nous,
 Quittez les vallons & les plaines,
Il nous en faut quatre douzaines
En ragoût mis vous serez tous,
Bardez, farcis à la brochette
Nous vous ferons cuire à très-petit feu,
Pour vous rendre le goût beaucoup plus
 savoureux ;
Hélas ! ce n'est pas tout la sausse n'est
 pas faite.

Une perdrix dans un mortier
Faut la piler en diligence,
Il en faut faire la dépense,
Et ne pas vouloir épargner ;
Et la passez à l'étamine,
Avec un jus de bœuf le plus beau,
Liez-le d'essence & de coulis de veau,
Hélas ! il faut encore cette sausse bien
 plus fine.

❦

Du vin, de l'huile & du citron,
Coriande, la rocambole,
Dans ce ragoût à l'Espagnolle,
Le tout ensemble sera bon ;
Passez vîte que tout se fasse,
Et tâchez d'ôter l'huile doucement,
Tenez le coulis & perdreaux chaude-
 ment :
Hélas ! vous servirez les perdrix de
 bonne grace.

HUITIEME ENTRE'E.

FAISANDEAUX,

SAUSSE NOUVELLE A LA HURLUBY.

Sur l'Air : *Adieu paniers vendanges sont faites.*

UNe ruelle de veau entiere
  Faites-la suer doucement,
Coupez-la en deux seulement,
Voilà Messieurs, la vraie maniere.

  Du vin de Champagne bouteille,
Et quelques tranches de citron,
Des échalottes, du jambon,
Le sel, poivre n'est pas merveille.

  Faites-le bouillir & réduire
Environ jusqu'à la moitié,
Ensuite vous y joindrez
Le jus de veau, de votre tourtiere.

xxxvj   *Festin joyeux*,
Joignez du beurre & écrevisse
Que vous mettrez à la fin,
Toutes ensemble avec le vin,
Vous le ferez bien sans artifice.

Cette sauſſe étant réduite,
Et aſſaiſonnée de bon goût,
Vous la ſervirez ſans ragoût
Avec du gibier d'élite.

Qu'ils ſoient rôtis ou à la braiſe,
Une farce fine en dedans,
Ce plat d'entrée eſt tout friand,
Faites-le bien bon & qu'il plaiſe.

Le veau reſtant en caſſerolle
Etant bardé de gros lardons,
Du lard & auſſi du jambon ;
Cette entrée jouera bien ſon role.

ou la Cuisine en Musique. xxxvij

GRANDE ENTRE'E.
ALOYAU A LA BRAISE

Pour un Plat du milieu à Souper, avec un riche ragoût par dessus.

Sur l'Air : *A la façon de Barbari mon ami.*

Le Maître parlant à son Disciple.

Ayez un très-bon aloyau
De ces bœufs gras d'Hollande,
Et ne le mettez pas dans l'eau
Cette science est grande ;
Vous le lardez de bons lardons,
La faridondaine, la faridondon,
Faites-le bien cuire ici, biribi,
A la façon de barbari, mon ami.

Mettez-le donc dans un grand pot,
Ou bien une marmite,
Assaisonnez sans dire mot,
Hors en voici la suite ;

xxxviij *Festin joyeux.*
Sel, poivre, cloux, des oignons,
La faridondaine, &c.
Et des bardes grasses aussi, &c.
A la façon, &c.

Couvrez-le bien dessus le feu,
Enfoncé dans la braise,
Et qu'il se cuise peu à peu
Dans son jus fort à l'aise :
Ha ! voici la bonne façon,
La faridondaine, &c.
En six heures il sera cuit, &c.
A la façon, &c.

Servez-le avec un ragoût
De ris de veau, de crêtes,
Et que le tout soit d'un bon goût,
Il sera fort honnête ;
Avec truffles, mousserons,
La faridondaine, &c.
Jus de citron de Barbarie mon ami,
A la façon, &c.

Une Eclanche de mouton à la Royale
se peut cuire de même, & la servir
avec un semblable ragoût.

ou la Cuisine en Musique.

JUS DE BOEUF, *Voyez dans l'Ambigu*, pag. 22.

COULIS, ESSENCE DE VEAU ET DE JAMBON, *Voyez dans l'Ambigu*, pag. 24.

LA CHASSE
AUX PERDREAUX
Dans la Plaine Saint Denis.

Sur l'Air : *Petits moutons qui dans la plaine,* ou, *Quand le plaisir est agréable.*

PEtits perdreaux quittez la plaine,
Fuyez les côteaux & vallons ;
Dans nos repas nous vous aimons
Près le bord de la Seine.

On vous invite à notre Fête,
Venez voler dans ces cantons,
C'est-là que nous vous désirons
Etre notre conquête.

Par un seul coup d'arquebusade,
Vous irez en pompeux éclats
Au rang du nombre de nos plats,
Vous ferez l'avant-garde.

Bardez, farcis, à la brochetre,
Vous serez cuits à petit feu,
Dans un ragoût délicieux
Sausse à l'Espagnollette.

De votre fumet agréable
L'odorat se répand partout,
Ce mérite est de notre goût,
Lorsque nous sommes à table.

où la Cuisine en Musique.

CHANSON.

Sur l'Air : *Préparons-nous pour la fête, &c.*

Réveille-toi belle Muse assoupie,
C'est ton Apollon qui t'en prie,
Viens briller sur nos plats,
Et parmi nos ragoûts,
Toi qui fait tant d'éclat,
Viens animer les goûts.

AUTRE.

Sur l'Air : *Mon mari est un yvrogne.*

Buvons & nous laissons prendre
De ce bon vin que voici,
Et s'il nous force à nous rendre
Il faudra le rendre aussi,
Point de feintise,
Celui qui n'en boira pas, qu'on le méprise.

SECOND SERVICE.

MENUS ROSTS A CHOISIR.

Sur l'Air : Réveillez-vous belle endormie.

Neuf plats de rôts, quatre salades,
Le service sera complet,
Deux assiettes de bigarades,
Voilà du second le projet.

SUITE.

Sur l'Air : Ton humeur est Catherine.

Quatre poulets à la Reine,
Huit cailles pour l'autre bout,
Six perdreaux de notre plaine
Leur fumet est de bon goût,
Faisandeaux nobles volailles,
Le milieu un marcassin,
Pigeonneaux de bonne taille,
Un plat de petits poussins.

ou la Cuisine en Musique.

PLUSIEURS PLATS
DE ROSTS A CHOISIR,
Suivant les quatre Saisons de l'Année.

Sur l'Air : *Préparons-nous pour la Fête neuvelle.*

Agneaux gras, fins, pour le plat du service,
Les dindons, poulardes, à propice,
Poulets aux œufs, pigeons,
Nous sont d'un grand secours,
Campines & cannetons viendront à leur tour.

Deux faisandeaux, lapereaux, tourterelles,
Bons levreaux aussi, cailles nouvelles,
Canards & marcassins pluviers
Les bécasses, grives, avec les perdreaux.

xliv *Festin joyeux*,
Cochon de lait au milieu de la table,
Mauviettes, becafis admirables,
Gelinottes des bois,
Chevreuil & marcassin,
Oyes-grasses & ortolans, petits oyseaux divins.

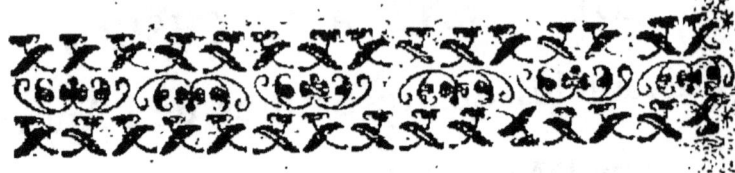

LES SALADES,

Suivant les quatre Saisons de l'Année.

Sur l'Air : *Vous brillez seule dans ces retraites.*

LEs bigarades, citrons, oranges,
Le celeri, Capucines, pourpiers,
Sur la table on les arrange,
Chicorée,
Chicorée,
Laitues en quartiers.

SALADE CUITE.

Sur le même Air.

DEs anchois & rouges betteraves,
Rôties de pain, capres & petits
  oignons,
Le cerfeuil, tout nous engage,
Qu'ils soient cuits,
Qu'ils soient cuits,
Petits champignons.

Voyez ici laitues romaines,
Ciboulettes, cerfeuil, estragon,
Dressez dans une porcelaine
Arrivée,
De l'Isle du Japon.

SAUSSES.

Sur le même Air.

Ravigotte, verjus l'on place,
Remolade donne bon appetit;
Sausse verte a bonne grace,
La poivrade,   bis
Est du temps jadis.

ACCOMPAGNEMENS
POUR LES HORS-D'OEUVRES

Sur le même Air.

Les melons font l'entrée de table,
Huitres à l'écaille est un mets friand
Le service est agréable,
De l'écaille   bis
Ouverte à l'instant.

ENTREMETS.
TROISIEME SERVICE.
I. GRAND ENTREMET.
HURE DE SANGLIER
POUR LE MILIEU.

Sur l'Air : *Elle m'appelle médisant;*
ou, *A la venue de Noël.*

D'Une hure de sanglier,
Brûlez la soye en son entier :
Desossez-en bien le museau,
Et même lavez-la dans l'eau.

Coupez des tranches de jambon,
Et du lard qui soit gras & bon ;
Dont vous larderez proprement
Cette hure dans le moment.

Mettez du sel abondamment,
Des blancs oignons, du poivre blanc
Herbe fine, canelle, cloux,
Et coriande de bon goût.

Il faut six pintes de bon vin
Pour la bien faire cuire à point,
De bonne eau de vie un flacon
Tout ensemble dans le chaudron.

Après huit heures de cuisson,
Que tout le jour dans son bouillon
On la laisse bien refroidir,
Puis à sec il faut la servir.

II. GRAND ENTREMET.

BELLE TOURTE
CROQUANTE.

Sur l'Air : *Salomon cet homme, &c.*

Du sucre autant de douces amandes,
Emondez-les dans le moment,
De les piler l'on le commande
A l'apprentif, mais qu'il soit diligent.

Mettez-y eau de fleur d'orange,
Plusieurs blancs d'œufs, le sucre pesé,
Et de toutes faites mélange,
Je pense que je vous en dis assez.

De cette pâte faites une abaisse,
Etendez-la mince comme papier;

Festin joyeux,
Sur une tourtiere que l'on graiſſe,
Portez-la au four pour la deſſécher.

La croute ſéche, couleur d'agathe
En dedans vous la deſſinez,
D'une très-jolie Croix de Malte,
En deux couleurs de très-belle gélée.

Les ornémens ſe font avec art,
Le couvercle armorié
D'un deſſein exprès, ou du hazard,
Elle doit paroître toute vitrée.

Rien de plus beau ni de plus agréable
Qu'une croquante bien élevée,
Dans un repas deſſus la table :
Prenez garde qu'elle ne ſoit renverſée.

ou la Cuisine en Musique.

III. GRAND ENTREMET.
GASTEAU DE SAVOIE.
OU BONNET DE TURQUIE.

Sur l'Air : *Des Quatrains de Pibrac.*

DU beau sucre bien environ deux livres
Mettez fleur de farine bien moins,
De ce mélange faut avoir grand soin ;
Mettez seize œufs, il faut que tout se suive.

Séparez donc les blancs de la coquille,
Et les fouettez qu'il devienne en rocher,
Brouillez les jaunes avec sucre passé ;
La farine viendra à la file.

En terrine faites donc le mélange,
Fouettez, battez, & ne vous lassez pas ;

Pistaches, le citron a des appas,
Verd, & confis, eau de fleur d'orange.

Vous dresserez ce gâteau dans un
  moule,
Que l'on appelle bonnet de Turquie;
Mettez-le au four & qu'il soit bien
  cuit,
Vous l'ornerez de nompareille en foule.

De la glace blanche de couleur cham-
  rée,
Vous lui donnerez bien de l'agrement
Tout cela se fait très-joliment,
Le rouge brillant de pastilles mêlée.

IV. GRAND ENTREMET.

GALANTINE POUR UN FLANC

Cuite dans l'assaisonnement
d'une Daube.

Sur l'Air : *De tous les Capucins du monde.*

JE vous dépeind en mignature
Un petit cochon en peinture,
Qui brille ici dedans sa peau,
On lui a ôté la figure;
La tête, les pieds & le museau,
Toutes ensemble la fressure.

Que sa chair l'on mette en farce,
Composée de très-bonne grace
Lard, graisse, tétine de veau,
Assaisonnez le tout ensemble :
Etendez-la dessus sa peau,
C'est ici que tout se rassemble.

Du lard & jambon de Mayence,
Piſtaches, truffles, coupez d'avance,
Lardons, jaunes d'œufs mettez,
Tout ce mélange eſt agréable ;
Par compartimens bien rangez,
Ce n'eſt pas ici une fable.

Roulez dans une étamine
Le compoſé que je deſtine,
Serrez bien le compartiment,
En ruban de chanvre très-fine,
Faites-la cuire doucement,
Cela s'appelle galantine.

Trois heures de cuiſſon eſt l'affaire,
Laiſſez-la dans ſon bouillon clair
Réfroidir ſans embarras,
Développez donc le myſtére ;
Cela eſt gros comme le bras,
Vous la ſervez par tranches entieres.

V. GRAND ENTREMET.

GROS DINDE A LA DAUBE.

Sur l'Air : *Hà ! ma comere est-tu fâchée,*
ou, *Quand on a du vin de Champagne.*

IL faut choisir un bon gros dinde,
 Mais qu'il soit gras,
Que la race vienne de l'Inde
 Dans ce repas,
Vuidez-le donc à l'ordinaire
 Et le troussez,
Vous n'aurez pas peu d'affaires,
 Le larderez.

Dans un chaudron ou marmite
 Le mettrez,
Bardez-le bien, je vous invite,
 A votre gré ;
Assaisonnez de sel, épices,
 Poivre & oignons,
Coriande sans avarice,
 Cela est bon.

lvj   *Festin joyeux*,
Les fines herbes sont en régne.
On le sçait bien,
Et que le bon vin blanc y vienne
Sans cela rien,
Etant cuit laissez-le encore
Dedans son pot,
Jusques au lendemain l'aurore
Sans dire mot.

PETITS PLATS D'ENTREMETS.

I. PETIT ENTREMET.

PIEDS DE COCHON

A LA S^e. MENOU.

Sur l'Air : *Or écoutez petits & grands,*
ou, *Des pendus.*

L'Un après l'autre de ces pieds,
Vous couperez en deux moitiez,
De lard une barde il faut prendre,
Qu'entre les deux on doit étendre;
Bien proprement les rejoignez,
Et de gros fil vous les liez.

ou la Cuisine en Musique.

Dans une marmite de fer
Vous aurez soin de bien ranger,
Au fond de la panne excellente,
Puis tranche de bœuf succulente,
Et du reste des lits ferez,
Qu'ainsi vous assaisonnerez.

De panne & de bardes de lard,
Le premier se fait avec art,
Un lit de pieds se met ensuite,
Jusques au bout je vous invite,
De faire alternativement,
Toujours le même arrangement.

Du poivre, du sel & du clou,
Et pour en rafiner le goût,
Coriande avec herbe fine,
Bonne eau de vie une chopine,
Deux pintes d'excellent vin blanc,
Et deux dez pleins de vif argent.

La marmite aussi-tôt fermez,
Et parfaitement étouppez,

lviij   *Festin joyeux*,
Tout autour mettant de la pâte,
Car l'air les durcit & les gâte,
A la braise les poserez,
Huit ou dix heures les cuirez.

On les tire après à loisir,
Les laisse du temps réfroidir,
Vous les graisserez tout de suite,
Du saindoux de votre marmite;
Et de mie de pain bien blanc,
Vous les pannerez à l'instant.

II. PETIT ENTREMET.

RIS DE VEAU A LA DAUPHINE.

Sur l'Air : *Durus ce grand Capitaine.*

DE petit lard on les pique,
En maniere de fricandeau,
Quand ils sont blanchis dans l'eau,
Cette façon est antique;
Pour les cuire sur un fourneau,
Avec des tranches de veau.

Mettez-les en casserolle,
Aussi tranches de jambon,
Mouillez d'eau & de bouillon;
Qu'ils bouille ainsi qu'ils rissolle,
Peu de sel, poivre, un bouquet,
Champignons dans ce fin mêt.

La sauffe étant usée,
La voyant près de sa fin

lx   *Festin joyeux*,
Vous les glacez pour certain,
Après l'avoir dégraissé ;
Vous détachez le gratin,
Avec un coulis très-fin.

Voyez si la sauffe est bonne,
Passez-la dans un tamis,
Quand vous y aurez tout mis,
Ainsi que je vous ordonne ;
Finissez cet entremêt
Qui est un excellent mêt.

Prenez le plat du service,
Mettez l'essence dedans,
Le jus d'orange friand,
Arrangez sans artifice
Les ris de veau proprement,
Servez le plat chaudement.

III. PETIT ENTREMET.

ARTICHAUX A L'ITALIENNE,

OU A L'ESTOUFFADE.

Sur l'Air : *Quand Moyse fit deffense.*

CHoisissez - les qu'ils soient tendres,
Otez le foin en dedans,
Lavez-les sans plus attendre,
Arrangez - les proprement,
Dessus un plat ou tourtiere,
Mettez sel & poivre gueres,
Mais de l'huile abondamment,
Pour cuire au four promptement.

Etant cuits sans mystere
Dressez-les dedans leurs plats,
Pour la sausse on en met gueres,
Ils en sont plus délicats ;
Autrement faites - les cuire
A la braise faut tout dire,
Une sausse de jambon,
Servez de cette façon.

IV. PETIT ENTREMET.

CRESME VELOUTÉE.

Sur l'Air : Quand le péril est agréable.

PRenez moitié lait, moitié crême,
Du sucre, écorce de citron,
Amande broyée au pilon,
Et canelle de même.

Jusques au point de la bouillie
Il faut faire chauffer le lait,
Et tant qu'il soit tiéde on le met,
Réfroidir qu'il se lie.

Puis de la presure il faut prendre,
Par un linge tout vous passez,
Couvrez d'un plat & le posez,
Chaudement sur la cendre.

ou la Cuisine en Musique. lxii

Quand il est pris de bonne grace,
Avant de pouvoir la servir,
Il faut le faire rafraîchir,
Promptement dans la glace.

V. PETIT ENTREMET.

PAIN AU JAMBON.

Sur l'Air : *Suivons la maxime, &c.*

D'Un jambon bien tendre
Des tranches coupez,
Qu'il vous faut d'abord étendre,
Ensuite un peu les battez.

Dans une terrine
Vous les arrangez,
Du persil, de l'herbe fine,
De la coulis y joignez.

Puis on les arrose
De lard fondu chaud,

lxiv   *Festin joyeux.*
Après quoi l'on se dispose,
A les passer au fourneau.

Faut qu'on les farine,
Mais légerement,
D'un bouillon de bonne mine
Mouillez-les dans le moment.

Soignez qu'on choisisse
Du bouillon bien doux,
Sans aucun sel, sans épice,
Qui gâteroient ce ragoût.

Surtout qu'on y mette
Du coulis de veau,
Et qu'un filet on y jette
De vinaigre clair & beau.

Au lieu de la mie
D'un bon pain molet,
Que la place en soit remplie
De ce mélange ainsi fait.

VI. PETIT

VI. PETIT ENTREMET.

FOYE GRAS EN CREPINE.

Sur l'Air : *Nous allons en vendange.*

Pilez des foyes partie,
Du jambon cuit à part,
Des champignons & tétine blanchie,
Des ris de veau, du lard,
Assaisonnez d'épice bien choisie,
Et le tout avec art.

Qu'à chaque foye on mette,
La farce tout autour,
Enveloppez de crépine bien nette,
Panez, cuisez au four,
Et puis servez une sauste bien faite,
Dessous & tout autour.

V.II. PETIT ENTREMET.

BAIGNETS OU PASTE

A LA ROYALE.

Sur l'Air : *Comme une hirondelle*
Au Printemps.

D'Eau pure un bon demi-septier,
De saindoux un petit quartier,
Ou un quarteron de beurre,
Du sel à discrétion,
Que l'on fera bouillir sur des charbons,
La pâte en sera meilleure.

Quand l'eau bouillira vous mettrez
De la farine, & tournerez
Sans jamais qu'un moment on cesse,
Joignez sucre fin & bon,
Et des morceaux d'écorce de citron,
Faites cette pâte épaisse.

Laissez-la refroidir du temps,
Puis y mettez des œufs dedans,
Qu'elle devienne un peu plus tendre,
Par petits morceaux coupez,
Que la friture vous avancez
Tout doux pour les faire étendre.

De sucre vous les sau-poudrez,
De l'eau d'orange exprimerez,
Le goût en est plus agréable,
Qu'ils cuisent bien doucement,
Quoiqu'il les faille faire promptement,
Et servir chaud sur la table.

VIII. PETIT ENTREMET,

RAMEQUINS.

Sur l'Air : *A la santé de celui que*, &c.

FRomage de Brie on prend,
Du Gruyere, du Parmesan,
Que l'on rape proprement,
Et quelques œufs qu'on y jette;
Persil haché, poivre blanc,
Pâte de baignets bien faite,
Dont l'on mêttra prudemment,
Et cuisez tout doucement.

QUATRIEME SERVICE.

LE DESSERT.

Sur l'Air : *Là haut sur ces montagnes*
le monde est renversé.

Les gauffes & les compotes
Ne doivent pas manquer,
Pâtes de toutes sortes
Et fruits confits entiers,
Les citrons, les oranges,
Les glaces on recommande
Sur des cristaux montez,
Fruits glacez, c'est la mode,
Faits en moule commode,
Ce dessert est aimé.

SUITE DU DESSERT.

Sur l'Air : *Les Bourgeois de Châtres, &c.*

Achetons des corbeilles
En passant au Palais,
Et des fleurs les plus belles
Sans aller au Marais :
Les roses & les œillets,

L'odeur en est charmante,
Ah ! que le goût est bon,
　　Don don,
De cette fleur-là
　　La la,
Que l'on nomme amarante.

Voyons ce qui réveille
Le goût & les esprits,
Ah ! la vraie Kyrielle,
Et quels plaisants récits ;
Les biscuits, massepains,
Des pommes la gelée,
Supprimons les tourons
　　Don don,
Les pralines aussi là
　　La la,
La meringue est aimée.

Le Dieu Comus ordonne
Dans l'art des Festins,
Bacchus remplit nos tonnes
Du jus de ses raisins ;
Les Muses, Apollon
Sont les premiers en tête,

ou la Cuisine en Musique. lxxj

La Musique nous aurons.
    Don don,
Le Bal on donnera
    La la,
Pour célébrer la Fête.

Ceres cette Déesse
Comble nos magazins,
Flore belle Princesse
Donne des jasmins,
Venus & Cupidon
Porteront des corbeilles,
Et Pallas & Junon
    Don don,
Serviront aussi là
    La la,
Des liqueurs sans pareilles.

SUPPLEMENT

Pour ce qui concerne les Provisions nécessaires pour un ou plusieurs Repas, suivant les quatre Saisons de l'Année.

Sur l'Air : *Les Bourgeois de Châtres, &c.*

ENtrons dans la dépense
D'un superbe repas,
Commençons par avance,
Evitons l'embarras ;
D'avoir du bois, charbon,
Et autres marchandises,
Le pain, le vin second
  Don don,
Le Champagne convient là
  La la,
Le Bourgogne de requise.

D'un bœuf la viande
Ainsi faut commencer,
Sans être trop friande
Chacun la doit aimer ;

ou la Cuisine en Musique.

Le veau & le mouton
Pris dans la bergerie,
Il faut qu'il soit très-bon
  Don don,
On vous en donnera
  La la,
Ce n'est pas raillerie.

Prenons vîte nos armes
Sortons de notre camp,
Mettons tout en allarmes
Allons dedans les champs;
Chassons la venaison,
Sanglier est nécessaire
Pour en faire un balon
  Don don,
Qui conviendra bien là
  La la,
La hûre toute entiere.

Il faut quoique l'on chasse
Voir le Rotisseur,
Afin que tout se fasse
Dans ce jour de bonheur,
Les poulardes & dindons
Sont les premiers en tête,

Ensuite les pigeons,
    Don don,
Tous nous arrivera là
    La la,
Et quantité de crêtes.

Les faisans & sarcelles
Le mémoire en est fait,
Les canards, tourterelles
Suivant notre projet,
Gelinottes & oison,
Fuyez les hirondelles,
Mettons des cannetons
    Don don,
Tout nous arrivera
    La la,
Faut mettre tout en regle.

Les pluviers & bécasses,
Sont ici à leur rang,
Les perdreaux jeune race
Le nombre en est très-grand,
Le gibiér est bon,
Oiseaux de riviere,
En chantant sur ce ton
    Don don,

ou la Cuisine en Musique.

On les apportera,
    La la,
Le long de la fougere.

  Les cailles, mauviettes,
Les poulets à leurs rangs,
Se mettent en brochette,
Grives, merles, albrans,
Agneau de lait, cochon,
Poule de Caux & poulette,
Donnez argent, teston,
    Don don,
Au Pourvoyeur là
    La la,
Ou à Dame Perrette.

  Mettons dans la balance
Le lard & les jambons,
De Bayonne & Mayence,
Justes sont les pesons,
Le saindoux, saucissons,
Mortadelle de Boulogne,
Avec Margoton
    Don don,

Qui n'aime pas cela
La la,
Ce n'est pas sa besogne.

Cherchons dans la campagne
Nous ne manquerons de rien,
Sans aller en Espagne,
A Paris tout y vient,
En chair en poisson
Faut garnir les tables,
Hors voici les melons
Don don,
Pour tout ce grand fracas,
La la,
Entrées très-délectables.

Voyons dans la marée
Ce qui est de plus fin,
La barbue est aimée
Dedans le grand festin ;
Le turbot, esturgeon,
Les vives suivent les soles,
Nargue de ces goujons
Don don,
Et de ces poissons plats
La la,
Qu'on fait cuire en casserolle.

ou la Cuisine en Musique.

Les brochets & les carpes
Suivant notre secret,
Crainte qu'ils nous échappent
Grossiront cet objet :
Ah ! l'excellent poisson
Les truites, les anguilles,
Les perches, le saumon
    Don don,
Sont distingez en gras
    La la,
On trouve tout aux Villes.

Plusieurs épiceries
Ont grand besoin ici,
Sont-elles renchéries
Nous avons bon crédit,
Chez le fameux Creton
Le sucre & la canelle,
On en trouve de bon
    Don don,
Tout le monde va là
    La la,
Aussi la nonpareille.

L'anis, la coriande,
Muscade & le macis,

lxxviij   *Festin joyeux*,
Cette épice est friande
Le vermichel aussi,
Jadis le blanc pignon,
Capres, anchois & fromage,
De Lion le maron.
  Don don,
Des olives en faudra
  La la,
Elles sont en usage.

  Champignons & morilles,
Des asperges & des pois,
Des huitres en coquilles,
Artichaux, de la noix,
Des oranges & citrons,
Dans cette matinée,
Voilà des mousserons.
  Don don,
Des écrevisses là
  La la,
Elles sont recherchées.

 N'oublions pas des fraises,
Entre nous controlleurs,
Les Dames ferons aises,
Etant dans leur primeur ;

La crême, le beurre frais,
Du ris, de la farine,
Jamais ne finirons
    Don don,
Dans ce beau marché là
    La la,
Moutarde la plus fine.

Achetons des corbeilles
En passant au Palais,
Et des fleurs les plus belles
Sans aller au Marais,
Les roses & les œillets
L'odeur en est charmante,
Ah ! que le goût est bon
    Don don,
De cette fleur là
    La la,
Que l'on nomme amarante.

Les nappes serviettes,
Vaisselle quantité,
Dans tout ce qu'on apprête
Il faut la propreté,
Lustres, bougies, flambeau,
Girondolles, salieres,

lxxx   *Festin joyeux.*
Place près du Salon
          Don don,
Où la table sera
          La la,
Dans ce couvert entier.

Chaudrons & marmites,
Casserolles & réchaux,
Le mortier, leche-fritte,
Chevrettes & fourneaux :
Ah ! l'agréable son
De notre tourne-broche,
Joue mieux que le Basson
          Don don,
Ut, ré, mi, fa, sol, la,
          La la,
D'accord à notre cloche.

ou la Cuisine en Musique.

CHANSON COMIQUE.

Sur l'Air : *De tous les Capucins
du monde, &c.*

Nous donnerons par complaisance
Dans cette superbe dépense,
Quelques plats de verds aricots,
Et les ragoûts tout en cadence,
Quelques fins ragoûts d'escargots,
Servis dans des plats de fayence.

ENIGME

Dont le Mot convient au Sujet.

Je suis un bâton à deux bouts,
Plus cruel qu'une lance,
Je ne vaux pas un demi sou,
Malgré toute ma puissance :
Et je suis d'un très-prompt secours
Par l'ardeur qui m'enflamme,
Soit dans la nuit ou dans le jour,
Je peux causer l'allarme.

AUTRE ENIGME.

JE suis belle, bonne ou mauvaise,
Dessous les Cieux
On me trouve fort à l'aise,
Dans certains lieux.
L'on me garde précieusement,
D'autres me méprise :
Je donne de l'accroissement
A notre sainte Eglise.

Au temps jadis un téméraire,
J'exterminai,
Sans avoir été en colere
Je m'animai ;
Sous la puissance d'un grand Roi,
Le plus suprême,
Devinez dans la bonne foi,
C'étoit avant le Carême.

TABLE

Des Services contenus dans la premiere partie du *Festin joyeux*, ou, *la Cuisine en Musique*.

TABLE de douze à quinze Couverts, servie de trois Services de Cuisine à treize.   Page j

PREMIER SERVICE.

Pour le milieu un grand plat d'une carpe à la Chambort.   j

Maniere de faire un bon corps de bouillon pour plusieurs potages.   iv

Potage de tête d'agneau, & coulis à la Reine.   v

Potage d'un oison ou canneton à la purée de pois verds.   vij

Premier Hors-d'œuvre.   x

Second Hors-d'œuvre.

Pigeonneaux innocens aux écrevisses.   xij

Coulis d'écrevisses.   xiij

Troisième Hors-d'œuvre.

Pieds d'agneaux ou de moutons farcis.
xiv

Quatrième Hors-d'œuvre.

Petits pâtez à l'Espagnolle. xvj

HUIT MOYENNES ENTRE'ES.

Premiere Entrée.

Tourte ou pâté de lapereaux. xix

Deuxième Entrée.

Terrine de queues de moutons, ailerons de dindons aux choux. xxij

Troisième Entrée.

Poulets ou cailles à la Hollandoise. xxv

Quatrième Entrée.

Noix de veau en fricandeaux glacez.
xxviij

Cinquième Entrée

Canard de Meunier à la Montmorenci.
xxix

Sixième Entrée.

La fricassée de poulets. xxxj

Septiéme Entrée.

Perdreaux, sausse à l'Espagnolle. xxxiij

Huitiéme Entrée.

Faisandeaux, sausse nouvelle à la hurlubi. xxxv

Grande Entrée.

Aloyau à la braise pour un Plat du milieu à Souper, avec un riche ragoût par dessus. *Le Maître parlant à son Disciple.* xxxvij

Jus de bœuf; *Voyez dans l'Ambigu.* 22

Coulis, essence de veau & de jambon, *Voyez dans l'Ambigu.* 20

La chasse aux perdreaux dans la plaine saint Denis. xxxix

Chanson. xlj

Autre. *Idem*

SECOND SERVICE.

Menus Rôts à choisir. xlij
Suite. *Idem*
Plusieurs Plats de rôts à choisir, suivant les quatre Saisons de l'Année. xliij
Les Salades, suivant les quatre Saisons de l'Année. xliv
Salade cuite. xlv

Sauſſes. xlvj
Accompagnemens pour les hors-d'œuvres. Idem

TROISIEME SERVICE.

ENTREMETS.

Premier grand Entremêt.

Hure de Sanglier pour le milieu. xlvij

Second grand Entremêt.

Belle tourte croquante. xlix

Troiſiéme grand Entremêt.

Gâteau de Savoye, ou Bonnet de Turquie. lij

Quatriéme grand Entremêt.

Galantine pour un flanc, cuite dans l'aſſaiſonnement d'une Daube. liij

Cinquiéme grand Entremêt.

Gros dindon à la daube. lv

PETITS PLATS D'ENTREMETS.

Premier petit Entremêt.

Pieds de cochon à la ſainte Menou. lvj

Second petit Entremêt.

Ris de veau à la Dauphine. lix

des Services. lxxxvij

Troisiéme petit Entremêt.

Artichaux à l'Italienne, *ou*, à l'estouf-
fade. lxj

Quatriéme petit Entremêt.

Crême veloutée. lxij

Cinquiéme petit Entremêt.

Pain au jambon. lxiij

Sixiéme petit Entremêt.

Foye gras en crépine. lxv

Septieme petit Entremêt.

Baignets, ou pâte à la Royale. lxv

Huitiéme petit Entremêt.

Ramequins. lxviij

QUATRIEME SERVICE.

Le Deſſert. lxxix
Suite du Deſſert. *Idem*
Supplement pour ce qui concerne les
Proviſions néceſſaires, pour un ou
pluſieurs Repas, ſuivant les quatre
Saiſons de l'Année. lxxij

lxxxviij   *Table des Services.*
Chanson comique.   lxxx
Enigme.   *Idem*
Autre énigme.   lxxxj

Fin de la Table des Services.

TABLE

TABLE

Des Chansons contenues dans la premiere partie du *Festin joyeux*, ou, *la Cuisine en Musique*.

UNe Carpe des plus belles, sur l'Air : *Quand Moyse fit deffense.* Page j

Du bœuf de cimier excellent, sur l'Air *De Joconde.* iv

Le bouillon étant fait, tirez-le dans le pot, sur l'Air : *Si ton cœur belle Iris commence à s'enflammer.* v

Il faut avoir un bon oison, sur l'Air : *Vous qui vous mocquez par vos ris.* vij

Entrées d'allouettes au gratin, Sur l'Air : *Cher Bacchus.* x

Innocentes petites bêtes, Sur l'Air : *Petits moutons qui dans la plaine.* xij

D'agneaux ou de moutons les pieds sont admirables, Sur l'Air : *Quand on a prononcé ce malheureux oui, oui.* xiv

Il faut que je vous le dise, Sur l'Air : *Il faut que je file, file.* xvij

Table

Faites tout avec honneur, Sur l'Air
Des Feuillantines. xjx

Mettez queues de moutons blanchir
doucement, Sur l'Air: *Je ne veux de
Tyrcis qu'entendre les chansons.* xxiij

Mettez poulets gras à la cendre, Sur
l'Air: *Des Pélerins de Cythère, ou,
de saint Jacques.* xxv

Choisissez bon cuisseau de veau, Sur
l'Air: *Beautez plus friandes qu'un chat.*
xxvij

Poularde ou chapon nouveau, Sur l'Air
Almanach, Almanach nouveau. xxix

Les Poulets dedans l'eau nette, Sur l'Air
d'une Musette: *Dans nos champs l'amour de Flore.* xxxj

Petits perdreaux venez chez nous, Sur
l'Air: *Petits oyseaux rassurez-vous.*
xxxiij

Une ruelle de veau entiere, Sur l'Air
Adieu paniers vendanges sont faites, &c.
xxxv

Ayez un très-bon aloyau, Sur l'Air: *A
la façon de Barbari mon ami.* xxxvij

Petits perdreaux quittez la plaine: Sur
l'Air: *Petits moutons qui dans la plaine
ou, Quand le péril est agréable.* xxxix

Réveille-toi belle Muse assoupie, Sur
l'Air: *Préparons-nous pour la fête, &c.*
xlj

des Chaussons.

Buvons & nous laissons prendre, Sur
l'Air : *Mon mari est un yvrogne.* xlj

Neuf plats de rôts, quatre salades,
Sur l'Air : *Réveillez-vous belle endormie.* xlij

Agneaux gras, fins, pour le plat du
service, Sur l'Air : *Préparons-nous pour
la Fête nouvelle.* xliij

Les bigarades, citrons, oranges, Sur
l'Air : *Vous brillez seule dans ces retraites.* xliv

Des anchois & rouges betteraves, *Sur
le même Air.* xlv

Ravigotte, verjus l'on place, *Sur le
même Air.* xlvj

Les melons font l'entrée de table, *Sur
le même Air.* xlvj

D'une hure de sanglier, Sur l'Air : *Elle
m'appelle médisant,* ou, *A la venue de
Noël.* xlvij

Du sucre, autant de douces amandes,
Sur l'Air : *Salomon cet homme, &c.*
xlix

Du beau sucre environ deux livres, Sur
l'Air : *Des Quatrains de Pybrac.* lj

Je vous dépeins en mignature, Sur l'Air :
De tous les Capucins du monde. liij

Il faut choisir un bon gros dindé, Sur
l'Air : *Quoi ma comere est-tu fâchée.*
liiij

xcij   Table
ou , *Quand on a du vin de Champagne.*
                                          lv
L'un après l'autre de ces pieds , Sur
  l'Air : *Or écoutez petits & grands*, ou,
  Des pendus.   lvj
De petit lard on les pique , Sur l'Air
  Darus ce grand Capitaine.   lix
Choisissez-les qu'ils soient tendres , Sur
  l'Air : *Quand Moyse fit deffense*, &c.
                                          lxj
Prenez moitié lait , moitié crême , Sur
  l'Air : *Quand le péril est agréable.*
                                          lxij
D'un jambon bien tendre , Sur l'Air :
  Suivons la maxime , &c.   lxiij
Pilez de foyes partie , Sur l'Air : *Nous*
  allons en vendange.   lxv
D'eau pure un bon demi-septier , Sur
  l'Air : *Comme une hirondelle au Prin-*
  temps.   lxvj
Fromage de Brie on prend , Sur l'Air
  A la santé de celui.   lxviij
Les gauffes & les compotes , Sur l'Air :
  Là haut sur ces montagnes le monde est
  renversé.   lxix
Achetons des corbeilles , Sur l'Air :
  Les Bourgeois de Châtres.   lxix

des Chanſons. xciij
Entrons dans la dépenſe, Sur l'Air :
Les Bourgeois de Châtres. lxxij
Nous donnerons par complaiſance, Sur l'Air : *De tous les Capucins du monde.*
lxxxj
Je ſuis un bâton à deux bouts. lxxxj
Je ſuis belle, bonne ou mauvaiſe. lxxxij

Fin de la Table des Chanſons.

FESTIN JOYEUX,
OU,
LA CUISINE
EN MUSIQUE,
EN VERS LIBRES.

SECONDE PARTIE,
AMBIGU.

Le prix est de trois livres broché.

A PARIS,

Chez {
L'ESCLAPART Pére, rue Saint André des arcs, vis-à-vis la rue Pavée, à l'Espérance couronnée.
ET
L'ESCLAPART Fils, Quay de Conti, entre la rue de Nevers & la rue Guenegaut, à l'Espérance couronnée.
}

M DCC XXXVIII.
Avec Approbation & Privilége du Roi.

FESTIN
JOYEUX,
OU,
LA CUISINE
EN MUSIQUE.

AVANT-PROPOS,

Sur l'Air : *De Madame la Dauphine.*

LE Dieu Comus ordonne
Au titre des Festins,
Qu'on emplisse la tonne
Du doux jus des raisins :
Tous les premiers en tête
Orphée & Appollon,
Pour embellir la Fête
Vont me donner le ton.

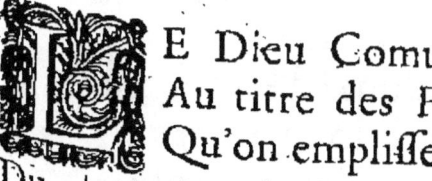

A

L'ABONDANCE.

Sur l'Air : *Des sauts de Bourdeaux.*

Les jours de rejouissance
Je tiens le premier emploi,
Mettez tous votre espérance
A vous approcher de moi :
On ne peut sans l'Abondance,
Bien vivre & se mettre en train
Pour en donner la licence,
Je vous prépare un Festin.

Vainement on vous assemble
Au gré de tous vos désirs,
Si l'on n'unit pas ensemble,
Et les jeux & les plaisirs :
Quoiqu'il soit doux d'être à table
L'on y reste peu long temps ;
Et sans moi rien n'est aimable,
Seule je vous rends contens.

ou la Cuisine en Musique.

DIFFERENS SERVICES A CHOISIR.

PREMIER SERVICE.

Sur l'Air de *Joconde*.

LE couvert mis bien galament
Les tables éclairées,
Un Rôt de Biffe proprement
Se met dans les Entrées ;
A la braife un bon Alloyau
Et d'un veau de riviere
Un quartier cuit comme il le faut,
Font une chere entiere.

Une galere paroîtra
De Béatilles pleine,
Qu'avec grand soin on ornera
Sans épargner sa peine,
Où l'Arche de Noé d'abord
Sera fort bien servie,
Et mere carpe à la Chambort
Après l'avoir farcie.

DEUXIE'ME SERVICE.

*Sur l'Air : Du cap de bonne Espérance,
ou, Quand Moyse fit deffense, &c.*

Eclanche à la paysanne,
Des Canards au ris glacé,
Font une excellente mane
Et que l'on estime assez :
La cotelette en surprise,
Les viandes se déguisent,
Agneau gras au Parmesan
Et d'un veau l'épaule au sang.

❊

Mettez le Liévre à la Suisse,
Pain en côtes de melon :
Garnissez votre service
De Poulardes en balon,
Casserole à la Royale
N'a presque rien qui l'égale,
Et roulade de gigots
Que l'on farcit comme il faut.

❊

ou la Cuisine en Musique.

Pâté de Bécasses aux trufles,
Terrine aux queues de mouton :
Du veau la tête & le mufle
Relevé par du Jambon ;
Faisan qu'on met à la sauffe,
Comme une Carpe bien groffe
Sont les mêts les plus friands,
Qu'on serve depuis long temps,

※

Le Porc-épy d'allouettes,
Aux oignons petit Dindon,
Dont les sauffes seront faites
Avec du vin Bourguignon,
Les poupettons en grenade
Que l'on ne fera point fades,
Les Soles en fricandeaux,
Et servez ces ragoûts chauds.

※

Du fameux Festin de Pierre
La statue est en oubli,
Filet à la paffepierre
De mouton piqué roty,
Pâtez de poulets en broche
Dont aifément l'on s'approche,
Sont un excellent ragoût
Et qui flate bien le goût.

※

Festin joyeux

Les surtous & les tymbales,
Les poulets aux cornichons,
Truffles par tranches égales
Comme celles des jambons :
La poularde en galentine
Avec une farce fine,
Sont des mêts délicieux
Et qui plaisent même aux yeux,

TROISIÉME SERVICE.

Sur l'Air : *Que Cesar pousse Pompée.*

PErdrix en soupe à la Reine,
Et bisque de pigeonneaux.
Potage à la Julienne,
Ou de canards aux poireaux.
On en fait à l'Espagnolle,
Aussi la Profiterolle
Avec crête & ris de veaux,
Qui sont potages nouveaux.

Des Gendarmes aux racines,
Ou bien des pigeons aux choux
Dans les meilleures cuisines
Sont très-estimez de tous :
De la caille aux écrevisses
Le potage a des délices,
Et pour l'assaisonner bien
Il n'y doit dominer rien.

8 *Festin joyeux,*
Une soupe à la purée,
Un potage de santé
Peuvent garnir notre entrée
Avec grande propreté :
D'autres de raves nouvelles,
Tendres, claires & bien belles,
Ou de succulens chapons
Garnis de petits oignons.

ou la Cuisine en Musique.

QUATRIEME SERVICE,

HORS-D'OEUVRE.

Sur l'Air : *Sommes-nous pas trop heureux.*

Aux tortues des poulets,
Les poulets en marinade
Surtout quand rien n'est trop fade,
Poussins au gratin sont bons :
Des fricandeaux à l'oseille,
Au soleil des pigeonneaux,
Les grenadins font merveille
Quoiqu'ils ne soient pas nouveaux.

Avec plusieurs mirotons
Salpicon aux écrevisses,
D'un repas font les délices
De bons filets de moutons :
Quelque entrée au basilique,
De jolis filets mignons,
La noix de veau se pratique
A la cuisse & nous servons.

Aîle de Dindons aux choux,
Poularde fine à l'Angloife
Sont ragoûts à la Françoife,
Chapons de fainte Ménou,
Un canard fauvage aux huitres,
Et biberot de perdrix
Dans un feftin à bons titres
Sont réputez mêts exquis.

A la daube deux canards
Une fauffe cramoifie,
Et bien proprement fervie
Attirent mille regards ;
Cercelles au jus d'orange
Garniffent très-bien vos plats,
Et dans le temps qu'on en mange,
C'eft l'ame des bons repas.

Tourte d'excellens pigeons,
Des pâtez chauds & terrine,
Aux olives la Campine,
Aux afperges les oyfons
Filets de poularde en crême
Des pieds de moutons farcis,
Canard au ris tout de même
Et de perdrix un hachis.

ou la Cuisine en Musique.

A l'Espagnolle perdreaux,
De ris de veaux hattelettes,
De godiveau des croquettes
Sont hors-d'œuvre des plus beaux ;
Ragoûts de filets de sole
Et fricandeaux de saumon,
Quand la chair n'en est point molle
Sont en réputation.

Quaisse en langues de mouton,
D'un veau l'oreille à la braise,
Pâté d'assiette à l'Angloise
Font merveille, ce dit-on,
Dame Simone aux laitues
Et ramereaux aux anchois,
Petits pigeons aux tortues
Se peuvent mettre à la fois.

En crépine foyes de veaux,
Aux olives des cercelles,
Comme aussi des tourterelles
Aux écrevisses très-chauds,
Des gros cauchois à la cendre
Avec cailles aux cerneaux,
De tous ces mêts on peut prendre,
Supprimez les étourneaux.

Sur la braise & de bon goût.
La grive & la beccasine,
Pleines de farce très-fine
Font un excellent ragoût :
Au lieu d'andouilles & saucisses
Mettez boucons & bouillans,
Pour remplir votre service
Et vous servir d'ornement.

Au basilique pigeons,
Pâtez à la-Mazarine
Petits, pleins de farce fine
Poulardes en canelons,
La sercelotte apprêtée
Au jus d'orange ou citrons
De poulets la fricassée
Convient avec les melons.

ou la Cuisine en Musique.

CINQUIEME SERVICE.

Sur l'Air : *De la fronde.*

DEs qu'on a levé les entrées
Au second service l'on met,
Pâtez de viandes desossées
Et des jambons d'un goût parfait;
Les langues & les mortadelles
Surtout quand elles sont nouvelles,
Galantines & cervelats
Ornent parfaitement vos plats.

On sert des gâteaux de Compiegne,
Avec les daubes de dindons,
Et que tout vis-à-vis il régne
Quelques plantureux saucissons;
A la Noailles une omelette
Avec d'excellent beurre faite,
Et même une croquante au bout
Bien découpée & de bon goût.

SIXIEME SERVICE.

Sur l'Air : *Je veux boire à ma Lisette.*

Les plats de rôts sont ensuite
Rangez de bonne façon,
Beaucoup de gibier d'élite
Et d'entrées à foison,
Poulets, pigeons de voliere,
Canards, judelles, dindons,
Quelques oiseaux de riviere,
Poules de Caux & chapons.

Les piramides d'oranges
Bigarades & citrons,
Nous plaisent par leur mélange
Avec des fleurs en boutons :
La laitue & chicorée,
Salades de celeri ;
Capucine bien lavée,
Anchois & capres parmi.

ou la Cuisine en Musique.

ENTREMETS,
SEPTIEME SERVICE.

Sur l'Air : *Des canaries.*

Langue fourée & quelque galanti-
ne
De la gelée en des cristaux brillans :
Tourte garnie aimable feuillantine,
Et des baignets à l'eau servis bouillans.

La crême bien veloutée à l'Angloise,
Ou si l'on veut servir en canellons
Le bœuf Royal que l'on cuit à la braise,
L'asperge à l'huile appellée en batons.

L'on sert encor l'écrevisse de Seine,
La truffle cuite avec un court bouillon,
De bons œufs frais faits à l'Italienne
Pour ragoûter sont un grand aiguillon.

Des artichaux raffraîchis à la glace,
Et des montans au jus roux & bien cuit,
Et l'animelle aussi trouve sa place
Pour ranimer quand on perd l'appétit.

Du blanc manger & du foye en crêpi-
ne,
Ou réveillé d'essence de jambon,
Des ris bien blancs à la fausse Dauphine
Partout piquez de très-petits lardons.

Servez aussi quelque frittes panachées
Pieds de dindons à la sainte Ménou,
Mettez la crême avec force pistaches,
Et vous verrez que l'on mangera tout.

Pour les boussons c'est à l'Italienne,
L'on fait aussi de noga quelques plats;
Les anchois frits promptement avec pei-
ne
Sçavent très-bien embellir un repas.

D'un jeune veau quand la cervelle est
frite,

Et quelques pains garnis de champi-
   gnons,
Aux mousserons ils ont bien leur mérite
Farcis de ris, de crêtes & rognons.

   Une salade avec des écrevisses
Forme toujours un mêts bien excellent,
Mais on n'en prend que la queue & les
   cuisses,
Le reste sert au potage coulant.

   Plusieurs plats d'œufs appellez en
   crépine,
D'autres pochez avec l'eau seulement;
Qu'ils soient bien roux pour avoir bon-
   ne mine,
Ajoutez-y cardes au Parmesan.

   L'on met aussi l'écrevisse à l'Angloise,
Et le cochon cuit au père douillet:
Pour les foyes gras au lieu d'être à la
   braise
A la cendre on en fait un mêts parfait.

SUITE DES ENTREMETS.

Sur l'Air : Dès le matin quand je m'éveille.

LA féve se met à la crême
Et les petits pois dans leur jus ;
Surtout ayez un soin extrême,
Qu'ils ne soient trop cuits ni trop crus.

De marmelades, tartelettes
Avec des roties au jambon,
Propre aussi dans les omelettes
Qu'on peut faire en toute saison.

L'huitre est bonne dans sa coquille
Avec du beurre sur le gril,
Mais n'oublions pas la morille
Que l'on peut manger sans péril.

Servez œufs pochez en chemise,
De même que la Margoton :
Dans un repas tout est de mise
Pourvû que le goût en soit bon.

MANIERE DE SERVIR.

Sur l'Air : *On n'aime point dans nos forêts.*

ON peut mettre un oil au milieu,
Et quatre differents potages,
Puis étalez en même lieu
Cinq entrées qui soient d'usage,
Cinq hors-d'œuvres après mettrez
Avant le rôt que servirez.

Cinq plats de rôt roux & friand,
Quatre de salade bien fine,
Puis cinq plats d'entremêts galans
Cinq hors-d'œuvres de bonne mine,
Six services ainsi l'on sert
Avant de mettre le dessert.

COULIS DE VEAU
ET JAMBON.

Sur l'Air : *Des folies d'Espagne.*

Voici le coulis, je commence
Par couper ruelle de veau,
Et mettre ensuite jambon de Mayence,
De neuf que soit étamé le vaisseau.

Lard en dessous, le reste ensemble
Placez le jambon au milieu,
Oignons, racines l'on rassemble,
Couvrez & portez-le dessus le feu.

Menez doucement la casserolle,
La viande ayant rendu son jus,
Faites que le tout se rissolle,
Son mérite vaut celui de Bacchus.

ou la Cuisine en Musique.

Le gratin fait ôtez la viande
Mettez-y du beurre excellent,
Farinez, en tournant l'on demande
Que ce roux soit des plus appétissans.

Mouillez, mouillez ce coulis ou es-
sence.
Mettez clous, persil, champignons,
Basilique enfin, ail d'importance :
La cuisson est de deux heures environ.

LE JUS DE BOEUF.

Sur l'Air : *De Joconde*.

Pour faire le bon jus de bœuf
De la tranche faut prendre,
Coupez morceaux gros comme un œuf
Plus forts, mais qu'il soit tendre ;
En casserolle vous mettrez
Bardes de lard ensuite,
Le bœuf applani rangerez
Oignons coupez bien vîte.

De même carottes, panets
Mettez ne vous déplaise,
Portez sur fourneaux & chenets
Qu'il y ait peu de braise,
Ayant rendu son jus soudain
Par l'ardeur qui l'enflamme,
En tournant tenez-y la main,
Ce jus aura de l'ame.

ou la Cuisine en Musique.

Vous le mouillez de bon bouillon
Autre si bon vous semble,
Mettez persil & champignon
Basilique ensemble
Une heure & demie de cuisson,
Dégraissez fait l'affaire,
On s'en sert partout à foison
Passez-le qu'il soit claire.

JUS OU COULIS DE VEAU

Sur l'Air : *Chantons pour l'amour de Marie.*

DU jus si vous en voulez faire,
Autrement appellé coulis,
Voici la meilleure maniere
Observez tout ce que je dis.

Prenez du jambon de Mayence,
De bon veau, de succulent bœuf,
Que vous couperez par avance
En tranches grosses comme un œuf.

A l'instant qu'on les applatisse
Dans votre pot rangez bien tout
Avec carottes, sel, épice,
Panets, oignons & poivre & clou.

Sur le fourneau quand il commence
Faites-le suer doucement,
Et puis après en diligence
Que le tout bouille fortement.

Il faut dans votre casserolle
Joindre persil & champignon,
Lorsque vous voyez qu'il rissolle
Mettez largement du bouillon.

N'oubliez pas de l'herbe fine
Tout le monde agrée cette odeur,
Il faut qu'il soit de bonne mine,
Bien doré de belle couleur.

LES ATELETTES.

Sur l'Air : *Ah ! mon mal ne vient que, &c.*

IL faut avoir des ris de veaux,
Coupez-les par petits morceaux,
Et les passez sur les fourneaux
Dans du lard & du beurre :
Couverts de bardes à propos,
Enfilez tout sur l'heure.

SAUSSE HACHÉE.

Sur l'Air : *Les Dieux comptent nos jours.*

PErsil & champignons,
Oignons & ciboulette,
Des truffles, des anchois
Et des capres aussi :
Hachez bien tout,
Hachez bien tout,
Mais encore joignez-y coulis,
Et votre sausse est faite.

PETITS PATEZ.

Sur l'Air : *Tes beaux yeux ma Nicole.*

D'Abord dans la tourtiere
Arrangez comme il faut,
Une pâte légere
Pleine de godiveaux:
Faites avec la farine,
Des œufs, du beurre frais,
Mais pour la rendre fine
Il faut la faire exprès.

Commencez par l'étendre
Avec des bons rouleaux,
La pâte en est plus tendre
Et ne rompt pas si-tôt;
Puis il faut les enduire
Avec des jaunes d'œufs,
Couvrez-les pour les cuire,
Ils en vaudront bien mieux.

POTAGE DE SANTÉ
OU JULIENNE.

Sur l'Air : *Vous qui vous mocquez par vos ris, &c.*

Avec du veau, bœuf & mouton,
Il faut mettre une poule,
Carottes, panets à foison,
Des racines en foule,
On y met aussi quelque oignon,
Surtout peu de ciboule.

Prenez oseille & celeri,
Cerfeuil & chicorée,
Pourpier & laitues aussi
Epluchées, lavées,
Et que vous ferez cuire ainsi,
De grosfil bien liées.

ou la Cuisine en Musique.

Avec des croutes de pain blanc
Mitonnez ce potage,
Mais qu'un gros chapon succulent
Y soit en étalage,
Et dessus les bords seulement
Mettez tout votre herbage.

POTAGE OU BISQUE
DE PETITS PIGEONS

Sur le même Air.

DE voliere mettez pigeons
Au fond d'une marmite,
Avec des bardes de cochon
Crêtes de coqs ensuite,
Des ris de veau, des champignons
Et des truffles d'élite.

Faites cuire avec du bouillon
Soignez qu'il ne noircisse,
Mitonnez croutes à foison
Du goût c'est le délice,
Rangez les pigeonneaux en rond,
En faisant le service.

Sur le potage ris de veau,
D'abord que l'on arrange

Avec quelque cul d'artichaud
Qu'ensemble l'on mêlange,
Les crêtes autour il vous faut
Mettre, afin qu'on les mange.

Mais en servant n'oubliez pas
De rôt un jus de viande,
Il en augmente les appas
Par son odeur friande ;
Et surtout dans un grand repas
Je vous le recommande.

Songez qu'il est fort à propos
De séparément cuire,
Les champignons, culs d'artichaux
Et truffles, c'est-à-dire,
Et le ragoût de ris de veau
Le bon goût le désire.

AUTRE POTAGE,
JULIENNE.

Sur l'Air cy-devant.

Des tiges de pourpier prenez,
Du cerfeuil, de l'oseille,
Cœurs de laitue aussi mettez,
Herbe fine vermeille ;
D'un jus de veau les arrosez,
Mitonnez à merveille.

D'une poularde ou de poulets
Garnissez ce potage,
Ensuite vous mettrez après
Sans tarder davantage,
Asperges ou concombres frais,
Pour garnir le bordage.

On met aussi dans les saisons
Des pois ou des racines,

ou la Cuisine en Musique.

Qu'on coupe par petits lardons,
Ou des asperges fines ;
Les pieds de celeri sont bons,
Aussi les capucines.

❦

Vous aurez la précaution
De faire tout d'emblée,
Rôtir à demi d'un mouton
L'éclanche ou charbonnée,
Que vous mettrez dans le bouillon
Achever la potée.

POTAGE,
COULIS A LA REINE
Sur le même Air.

D'Une poule prenez le blanc,
Ou d'un chapon de même,
D'un autre rôti seulement
Avec un soin extrême,
Pilez les blancs soigneusement,
Car ensemble on les aime.

Que le tout se mitonne bien
Dedans une marmite,
Joignez bouillon, mie de pain,
Même je vous incite;
Par l'étamine ou linge fin
Passez le tout ensuite.

On y met un jus de citron
Avec un peu de crême,
D'un jus de broche de mouton,
On poularde de même,
On peut le marbrer, ce dit-on,
Crainte qu'il ne soit blême.

POTAGE AU RIS.

Sur le même Air.

LE ris bien lavé, bien séché
Mettez-le je l'ordonne,
Sur un petit feu modéré,
Afin qu'il se mitonne,
Et puis après qu'il est crevé
Ainsi qu'on l'assaisonne.

Mettez dedans du jus de veau,
Un gros oignon qu'on larde
Avec du girofle nouveau,
De lard gras une barde,
Peu de sel, car d'un goût trop haut
Faut se donner de garde.

Sur ce potage un gros chapon,
Du pain à la légere,

ou la Cuisine en Musique.

Par dessus le ris sans façon
Se verse à l'ordinaire,
Ajoutez-y d'un jus bien bon
Tout plein une culliere.

☙

Passez dans d'excellent saindoux
Des croutons de pain tendre,
Qu'ils ne soient pas brûlez mais roux,
Et tout chauds les étendre,
Sur les bords qu'ils paroissent tous,
Vous devez vous apprendre.

POTAGE AUX LENTILLES.

Sur le même Air.

Pour pigeons, canards ou perdrix
On fait le même ouvrage,
En casserolle j'avertis
Qu'il faut suivant l'usage,
Qu'ils prennent couleur puis soient mis
Dedans le mitonnage.

Lorsque le pain est mitonné
Que dessus on les mette,
Et que le tout soit arrosé
D'un coulis qu'on y jette,
Quand ce potage est bien orné
On y fait grande fête.

Des lentilles vous pilerez,
Ne les presserez gueres,
Proprement vous les passerez

ou la Cuisine en Musique.

Que la sauſſe en ſoit claire,
Dans du bouillon mitonnerez
Avant que de rien faire.

Avec des tranches de Jambon,
Perſil, quelques racines,
Des croutes à diſcretion,
Un bouquet d'herbes fines,
Et paſſez le tout ſans façon
A travers l'étamine.

Il faut mêler dans le coulis
Quelques lentilles dorées
Toutes entieres, je le dis
Sur les bords par rangées :
Mettez-y du lard maigre exquis,
Et racines coupées.

Festin joyeux.

POTAGE DE POULETS

FARCIS A LA PURÉE DE POIS

Sur le même Air.

Farcissez d'abord les poulets
Qu'on met ensuite cuire,
Et dessus le potage après
Les mettant on désire,
D'un coulis doux & fait exprès
Les mouiller, les enduire.

Pour que ce coulis soit bien verd
Des pois il faudra prendre,
Qu'il ne faut nullement piler
Avec concombre tendre,
Que l'on farcit & que l'on sert
Autour sans se méprendre.

POTAGE DE TESTE

D'AGNEAU,

AU COULIS D'AMANDES.

Sur le même Air.

Mettez foye & tête d'agneau
Cuire en une marmite,
Avec du lard du plus nouveau,
Quand elle sera cuite,
La tête au milieu mettre il faut,
Et tout le reste ensuite.

Vous y devez joindre un coulis
Fait d'amandes pilées,
De jaunes d'œufs durs bien choisis,
Mie de pain broyée ;
Passez cette soupe au tamis
En bouillon mitonnée.

POTAGE DE CANARD

AUX NAVETS.

Sur le même Air.

Piquez un canard de lardons,
Et mettez-le d'emblée,
Dans du saindoux frais & bien bon
Prendre couleur dorée,
Donnez ensuite une cuisson
Surtout bien modérée.

Dressez au milieu le canard,
Des navets à la ronde,
Que vous aurez fait frire à part
En friture bien blonde,
Coupez par morceaux avec art,
Que rien ne s'y confonde.

POTAGE DE PIGEONS,

PERDRIX OU CAILLES,

AUX CHOUX.

Sur le même Air.

Blanchissez des choux verds ou blancs,
Avec quelque racine,
Oignons & navets excellens,
Que l'on met en terrine ;
Dans un roux des plus succulens
Fait de bonne farine.

Les choux se lient par paquets
Quand vous les mettez cuire,
Les roux de farine sont faits
En la faisant bien frire,
Et du bouillon gras du plus frais
Ajoutez sans rien dire.

Du petit lard maigre on en met
Pour garnir le bordage,
Dégraissez vos choux tout-à-fait
Qu'ils plaisent davantage,
De jus de veau clair & parfait
Arrosez ce potage.

Si c'est des cailles, garnissez
De ris de veau, de crête,
De champignons qu'arrangerez
Lorsque la soupe est prête,
Culs d'artichaux aussi mettrez
Dessus le plat en tête.

POTAGE DE CAILLES
AU BLANC MANGER.

Sur le même Air.

Les cailles dans de bon bouillon
Se cuisent d'ordinaire,
Pilez amandes au pilon,
En étamine claire
Passez avec attention,
Ainsi que l'on doit faire.

Ajoutez sucre du plus fin,
Aussi de la canelle,
Mettez dans cette soupe enfin
Pour la rendre plus belle,
Biscuit, macaron, massepain,
C'est la mode nouvelle.

46 *Festin joyeux*,
Rangez les cailles tout d'abord,
Après qu'on les arrose,
De ce beau bouillon couleur d'or
Qu'ici je vous expose,
Et puis de citron sur le bord,
Des tranches on dispose.

POTAGE DE CHAPON

AU COULIS D'HERBES.

Sur le même Air.

La soupe avec croutes de pain,
Du cerfeuil, de l'oseille,
Laitues, racines tout plein
Ferez cuire à merveille,
Passez à l'étamine enfin
Pour la rendre vermeille.

Faites-la mitonner aussi,
D'un jus de bonne mine,
Dessus le plat rangez ainsi
Le chapon, qu'il domine
Et que le bord en soit garni,
Tout autour de racine.

POTAGE DE POULARDE,

OU POULETS AUX OIGNONS.

Sur le même Air.

Dans du bouillon mitonnerez
Croutes à l'ordinaire,
De petits oignons que prendrez,
Mais qu'avant il faut faire,
Cuire à part & les rangerez.
Comme il est nécessaire.

Ce potage encore est garni
De bonnes chicorées
De petits concombres parmi
Tout autour par rangées,
Les poulets ou poulardes aussi,
Au milieu sont posez.

POTAGE AUX TRUFFES.

Sur le même Air.

Vous ferez cuire en du bouillon
Truffes de bonne mine,
Du coulis de bœuf frais & bon,
Un bouquet d'herbe fine,
Pour éviter trop de cuisson,
Faut qu'on les examine.

Mais afin qu'il n'y manque rien
Au milieu tout de suite,
De profiterolle un bon pain
Mettez, je vous invite,
Puis tout autour on range bien
Truffes, grosse & petite.

On y met cailles & perdrix,
Des faisandeaux de même,
Carcasse de poulets rôtis,
Ou de viandes qu'on aime;
Le goût en sera plus exquis,
Et la couleur de même.

E

POTAGE
D'ISSUE D'AGNEAU.

Sur le même Air.

LA soupe d'issue d'agneau
En un repas figure,
Mettez dans du bouillon sans eau
Tête, pieds & fressure,
Faites bien cuire servez chaud
Desossez sans fracture.

On peut mettre du petit lard
Pour faire ce potage,
Mais un coulis fait avec art,
Est d'un plus grand usage ;
Un blanc de chapon par hazard,
L'orneroit davantage.

Des amandes, des jaunes d'œufs,
Dont on fera mêlange,
Rendent un coulis savoureux
Dont tout le monde mange,
Et ce ragoût délicieux
Jamais ne vous dérange.

ou la Cuisine en Musique. 54

POTAGE D'OIL
EN GRAS.

Sur l'Air : *Quand je vous dis que je vous aime.*

Uit ou bien dix livres de tranche
Du cimier de bœuf succulent,
D'un veau la ruelle excellente,
Qu'à demi l'on fait cuire avant.

J'entends que ce soit à la broche,
Puis en un pot vous mettrez tout,
Et d'un petit feu qu'on l'approche
En dégraissant bien ce ragoût.

On peut joindre une dinde encore,
Chapon, canard & deux perdrix,
Qu'on prend lorsque le feu les dore,
Et qu'ils ne sont qu'à demi cuits.

E ij

Mettez basilique, muscade,
Gerofle, coriande, oignons,
Celeri dont on fait salade,
Navets, panets & choux bien bons.

De pois une bonne poignée,
Des carottes & des poireaux,
D'ail une gousse bien pelée,
Le tout blanchi sur les fourneaux.

Dans le fond de votre marmite
Mettez du maigre de jambon,
Vous la couvrirez, puis ensuite
Sept ou huit heures de cuisson.

Après ce temps on la retire,
On la laisse un peu reposer,
Et même ce bouillon désire
Qu'on ait soin de le dégraisser.

ou la Cuisine en Musique. 53

Mettez-le dans une terrine,
A travers un tamis très-fin,
Et de croutes de bonne mine
Un potage mitonnez bien.

Vous rangez dessus ce potage,
Dessous & tout autour aussi,
Toute la viande en étalage,
Et la garniture parmi.

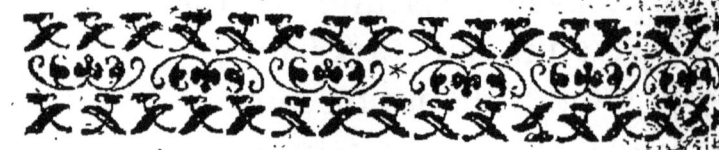

FRICASSÉE
DE POULETS.

Sur l'Air : *Dans nos champs,* &c.

Les poulets
Dans de l'eau nette,
Qu'on les mette
Coupez tout exprès :
Qu'on y joigne
De bon lard gras,
Et qu'on soigne
Qu'ils ne brûlent pas ;
On les tourne sur la braise & les retourne
Dans la casserolle à tout moment,
Que tout bouille,
Et se brouille
En cuisant.

Sau-poudrez
Bien defarine,
La plus fine
Que vous trouverez,

fines herbes.
Aussi l'on met,
Tout en gerbe,
Ou petits bouquets,
Dans l'eau claire
Tout doit se cuire & se faire
Avec poivre, sel & champignons
Qu'on y goûte
Si l'on doute
Qu'ils soient bons.

Si tu veux
La saussé faire,
Cher confrere
Prens des jaunes d'œufs,
De la crème,
Muscade aussi,
Et de même
Hache du persil
Tout ensemble
Et se lie & se rassemble,
En tournant toujours sur un feu lent.
Ainsi faite,
Qu'on la mette
En servant.

LA PIECE DE BOEUF.

AU SEL.

Sur l'Air : *Que j'estime mon cher voisin.*

Faites cuire bien à propos
Du bœuf gras la culotte,
Otez-en proprement les os,
Sans que rien s'en chipote.

Dedans un linge fort serré,
Que cela se mitonne,
L'ayant ainsi bien préparé,
Il faut qu'on l'assaisonne.

Des fines herbes, quelque oignon,
Basilique & coriande,
Du sel & d'excellent bouillon,
C'est tout ce qu'il demande.

PATÉ CHAUD
DE LAPINS OU PIGEONS.

Sur l'Air : *Le Seigneur Turc a raison.*

Dressez votre pâté en rond
Et de bonne mine,
Pilez des foyes dans le fond
Avec un peu d'herbes fines :
Et rangez tout de son long,
Votre lapin, ou le pigeon,
Comme en une terrine.

Mettez des crêtes, des ris,
Du lard, de l'épice,
A petit feu qu'ils soient cuits,
Servez très-chaud que l'on puisse
Sentir son fumet exquis,
Quand on mangera le hachis
Du fond de l'édifice.

POULARDE
AUX HUITRES.

Sur l'Air : *Il n'est rien de plus tendre.*

D'Une poularde tendre,
Le corps vous farcirez,
Puis vous la barderez,
Ayant grand soin de prendre
Des huitres à foison,
Que mettrez sur la cendre,
Cuire à discretion.

De bon veau de riviere,
Ou même de jambon,
Le coulis est fort bon,
On le met de maniere,
Qu'il nage à l'environ ;
Même l'on n'en voit gueres
Sans truffles & champignons.

TERRINE DE TENDRONS
DE VEAU ET QUEUES
DE MOUTON,
A la purée de pois verds.

Sur l'Air : *Du cotillon de Thalie.*

D'Un veau gras coupez les tendrons
Dans une terrine dessus les charbons,
Mettez du clou, sel, poivre, herbe fine,
Des queues de moutons,
Du petit lard, des champignons,
Des foyes gras, quelques mousserons,
Un peu de tétine,
De petits oignons.

De pois verds prenez un litron,
Do'nt ferez purée dans l'occasion,
Quelle soit verte & bien colorée,
Même joignez-y

De la ciboule & du persil ;
Pour la sausse on prend du bouillon,
Surtout peu sucrée,
Et lente cuisson.

Quand on a bien arrangé tout,
C'est dessus la braise
Qu'on met ce ragoût :
Ne pressez rien, que tout cuise à l'aise,
Et c'est en servant,
Que la purée s'y répand,
Et ce mets jamais ne se sert
Quand on veut qu'il plaise,
Que chaud & couvert.

PERDRIX
AUX TRUFFLES VERTES.

Sur l'Air: *Quand je tiens de ce jus d'Octobre, &c.*

ROtissez perdrix excellentes,
Que vous farcirez dans le corps,
Et de bardes très succulentes
Vous les couvrirez par dehors.

Par tranches coupez truffles vertes,
Que rangerez dans un coulis,
Dont avec art seront couvertes,
Le col & le corps des perdrix.

Le coulis comme à l'ordinaire,
De veau tendre avec du jambon,
En le servant c'est la maniere,
D'arroser d'un jus de citron.

ECLANCHE

A LA PAYSANNE.

Sur l'Air : *J'ai fait souvent raisonner ma musette.*

DEsossez bien une fort grosse éclanche,
Piquez partout quelque petit lardon,
Il faut pourtant n'en pas ôter le manche,
Mais la farcir avec un salpicon.

Comme une bourse elle se sert plissée,
Après avoir cuit sur un petit feu,
Mais dans son jus qu'elle soit étouffée,
Sans prendre l'air tant que cela se peut.

Prenez aussi grand soin qu'on la dégraisse,
Relévez-la d'un jus de fin jambon,
Dessus le plat à l'instant qu'on la dresse,
Servez tout chaud sans nulle autre façon.

FAISAN
A LA SAUSSE A LA CARPE.

Sur l'Air : *Réveillez-vous belle endormie.*

Comme on fait à la paysanne,
Farcissez le corps proprement
D'une jeune poule faisane,
Que ferez rôtir doucement.

Prenez une carpe bien grasse,
Que par morceaux vous couperez,
En cassetolle qu'on les place,
Mais avant vous les froterez.

Du veau, du jambon de Mayence,
Peu de racines, quelques oignons,
Truffles, mousserons & laisance,
Le tout cuit en vin Bourguignon.

LA COMPOTE
DE PIGEONS.

Sur l'Air : *Ce n'est point la mine.*

Que des pigeons les os on casse,
Ensuite il faut qu'on les fricasse,
Avec ris, crêtes, mousserons,
Mais pour les ranger avec grace,
De veau bien tendre & de jambon
Un coulis occupe la place.

PERDREAUX,
SAUSSE A L'ESPAGNOLLE.

Sur l'Air : *Mocquons-nous des ambitieux.*

Lardez de jeunes perdreaux,
Remplissez les de farce fine ;
Faites les cuire en petit rôt,
Dans une brochette ou houssine :

Puis

où la Cuisine en Musique. 65

Puis vous ferez la sauſſe ainſi
Que je vais l'expliquer ici.

Au lieu de coulis de jambon,
Mettez une perdrix pilée,
Du vin, de l'huile, de l'oignon,
De l'échalotte bien hachée,
Un jus d'orange & de citron,
Et vôtre ragoût ſera bon.

TOURTERELLES
AUX ECREVISSES.

Sur l'Air : *Préparons-nous pour la fête nouvelle.*

Après avoir farci les tourterelles,
Couvrez-les de bardes nouvelles,
Du papier par deſſus vous les ferez rôtir,
Mais voici comme il faudra les ſervir.

Il faut d'abord piler des écrevisses
  la tête, le corps & les cuisses
Avec du jus de bœuf, de la croute de
  pain,
Point d'eau surtout dans ce coulis divin.

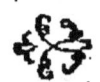

De mousserons & de truffles nouvel-
  les,
De queues d'écrevisses bien belles,
Vous ferez un ragoût avec votre coulis
Que vous aurez passé dans le tamis.

Quand vous voudrez le servir sur la
  table,
Rangez tout d'un ordre admirable,
Avec un jus d'orange & celui d'un ci-
  tron;
Il faut servir sans nulle autre façon.

LES CAILLES
AUX CERNEAUX.

Sur l'Air : *Vous brillez seule dans ces retraites, &c.*

LA caille aux cerneaux vous deman-
 de
Du sel, du poivre, herbes fines & clou,
Du bœuf, du lard, de la coriande,
Champignons, mousserons pour donner
 du goût.

Les truffles s'y mettent encore,
Etouffez tout dans un pot bien couvert,
Afin que votre jus se dore,
Et qu'il soit bien coulant alors qu'on le
 sert.

Pour les cerneaux qu'on les blanchisse,
A l'ordinaire on leur ôte la peau,

Soignez, afin que chaque cuisse
Soit entiere & d'un œil & clair & bien
   beau.

Les cailles qu'en un plat on dresse,
Quand elles sont cuites comme il le faut,
Veulent même qu'on les dégraisse,
Et d'un jus de citron mouillez aussi-tôt.

HURE DE PORC GRAS
EN BALON.

Sur l'Air : *Heureux l'amant.*

D'Un porc bien gras il faut prendre
   la hure,
Lever la peau l'échaudant doucement ;
Mais qu'elle n'ait aucun trou ni coupu-
   re ;
Et d'un balon faites-en la figure,
Qu'il vous faudra remplir adroitement.

Mettez par lits les tranches de Mayen-
ce,
Et de la chair du col de ce cochon,
Épices, sel, mais tout avec prudence,
Des champignons, truffles en abondan-
ce,
Langue de porc & de bœuf tout est bon.

Il faut que tout soit rangé de manie-
re,
Que le mélange en ait bonne façon,
Puis d'un cordon de fil on le resserre,
En le mettant bien cuire à l'ordinai-
re,
Comme la hure en semblable bouillon.

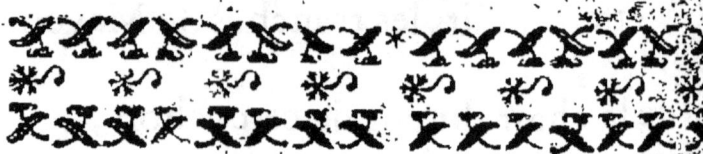

HURE DE SANGLIER.

Sur l'Air : *Elle m'appelle médisant,*
ou, *A la venue de Noël.*

D'Une hure de sanglier
 Brûlez la soye en son entier,
Desossez-en bien le museau,
Et même lavez-la dans l'eau.

Coupez des tranches de jambon,
Et du lard qui soit gras & bon,
Dont vous larderez proprement,
Cette hure dans le moment.

Mettez du sel abondamment,
Des blancs oignons, du poivre blanc,
Herbes fines, canelle, cloux,
Et coriande de bon goût.

ou la Cuisine en Musique.

Rangez le tout dans un vaisseau,
Avec raisonnablement d'eau,
Mais dans un linge blanc serrez,
La hure quand vous l'y mettrez.

Il faut huit pintes de bon vin,
Pour la bien faire cuire à point,
De bonne eau de vie un flacon,
Tout ensemble dans le chaudron.

Après huit heures de cuisson,
Que tout le jour dans son bouillon,
On la laisse bien refroidir,
Puis à sec il faut la servir.

COCHON DE LAIT EN GALANTINE.

Sur l'Air : *Marie-Anne étoit coquette.*

Voici la façon la plus sûre,
Et la véritable structure,
D'un petit cochon dans sa peau :
Tout d'abord on le défigure,
Otant tête, pieds & museau,
Même la queuë & la fressure.

De sa chair une farce est faite,
Où vous aurez soin que l'on mette
Graisse de jambon & veau,
Du lard, des truffles, des amandes,
Jaunes d'œufs & jambon nouveau,
Des pistaches les plus friandes.

Roulez tout dans une étamine,
Le serrant d'une corde fine,

ou la Cuisine en Musique.

Ou si vous voulez d'un ruban,
D'un cervelat qu'il ait la mine;
Faites tout cuire doucement,
C'est ce qu'on nomme galantine.

Qu'il bouille trois heures de suite,
Et votre galantine est cuite,
Puis laissez-la dans son bouillon,
Quand elle y sera réfroidie,
Par tranches comme du jambon,
Sur table qu'elle soit servie.

TESTE DE BOEUF

A L'ANGLOISE.

Sur l'Air : *Quand on a quitté ce qu'on aime.*

D'Un bœuf on desosse la tête,
  Qu'en un chaudron blanchir on fait :
Ensuite une farce on apprête,
qu'à l'endroit de la cervelle on met.

Au lieu de la farce on peut faire
Un bon ragoût de pigeonneaux,
Quand la saison le veut permettre,
On y met aussi des perdreaux.

Des moyens lardons on façonne,
Pour la piquer de tous côtez ;
Mais surtout qu'on les assaisonne,
Avant qu'en la tête ils soient fichez.

On le fait avec herbe fine,
De la ciboule & du persil,
Des épices de bonne mine,
Pour en rendre le goût plus subtil.

A la piquer je vous invite,
Encor de lardons de jambon,
Puis mettez dedans la marmite,
Avec des bardes de lard au fond.

Joignez des tranches succulentes,
De la graisse de bœuf aussi,
D'un bon lard des bardes charmantes,
Dont vous couvrirez le tout ainsi.

ou la Cuisine en Musique. 75

Jettez-y de la coriande,
Poivre, cloux, du sel, des oignons,
Même encor ce ragoût demande,
Herbes fines de plusieurs façons.

Quand le tout est dans la marmite,
De pâte vous l'étouperez,
Puis six ou sept heures de suite
Du feu dessus & dessous mettrez.

Après qu'un ragoût on apprête,
De truffles & de mousserons,
De ris de veau, de belles crêtes,
De morille & de bons champignons,

Ce ragoût au lard on le passe,
Le mouillant de bon jus de bœuf;
Mais que la liaison s'en fasse
De farine sans mettre d'œuf.

On prend seulement pour le faire
Du sel, du poivre, un bon bouquet

En cuisant il est nécessaire,
De le dégraisser qu'il soit bien net.

Quand la tête est presque finie,
Joignez deux bouteilles de vin,
Puis un demi-septier d'eau de vie,
Que l'on ne met quasi qu'à la fin.

De cette marmite on la tire,
Et long temps on l'égoutera,
L'on peut même encore faire cuire
Dans ce pot les pieces qu'on voudra.

Cette tête mise en parade,
Vous garnissez les bords du plat,
De pâtez ou de marinade,
Ou d'autres mêts dont on fasse état.

ou la Cuisine en Musique.

ROST DE BIFFE
DE MOUTON.

Sur l'Air : *Qu'on apporte bouteille.*

D'Abord que l'on divise
  Les deux quartiers d'en bas,
Proprement que rien ne se brise,
Levez-en la peau de ce pas.

De sel on le soupoudre,
  De ciboule, persil,
Fines herbes & poivre en poudre,
Puis reliez le tout d'un fil.

Avec une brochette,
  Les quartiers on rejoint,
Puis à la broche qu'on le mette,
Et qu'on le fasse cuire à point.

En le servant sur table,
Mettez un jus dessous,
Quelque hatelette délectable,
Dont vous aurez panné les bouts.

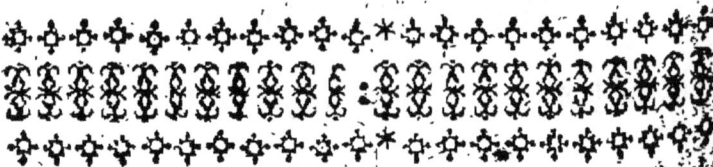

DINDON
A DEUX FACES.

Sur l'Air : *Quel plaisir d'aimer.*

AYez un dindon gras & tendre,
Du lard gras & fin il vous faut
  prendre :
Lardez la moitié avec finesse,
L'autre de gros lard avec adresse.

Comme à la daube on le met cuire,
Du côté du gros lard, c'est-à-dire,
Et dessus on met une tourtiere,
Couverte de braise à l'ordinaire.

TESTE DE VEAU
MARINE'E.

Sur l'Air : *La Musique est incommode.*

Quand la tête sera cuite,
Un peu ferme néanmoins,
Deloffez-la tout de suite,
Et mettez-y tous vos soins.

❦

Ne rompez pas la cervelle,
Mais faites tout mariner,
Qu'elle soit entiere & belle,
Quand on la sert au dîner.

❦

Au vinaigre on la marine,
Où l'on met pour donner goût,
Tranches d'oignons, herbe fine,
Du sel, du poivre & du clou.

❦

Pendant deux heures faut faire
La cuisson sans s'arrêter,
Tirez-la de la chaudiere,
Puis la mettez égouter.

En œufs battus qu'on la passe,
Mouillant dessus & dessous,
Puis on la panne avec grace,
Et la frit dans du saindoux.

La servant faut vous instruire,
Qu'on voye de tous côtez,
Du persil que faites frire,
Et que tout chaud vous mettez.

ou la Cuisine en Musique.

QUARTIER D'AGNEAU.

AU SANG.

Sur l'Air : *Quand tes beaux yeux*,
ou, *Les prez, les bois.*

D'Une volaille ayez le sang qui coule,
Ou bien de veau dans lequel vous mettrez
Sel, poivre, épice, & persil & ciboule,
Et de bon lard coupé par petits dez.

❧

Levez la peau par devant par derriere,
Faites passer de ce sang tout autour,
Puis l'entourez proprement de maniere,
Que tout ce sang ne prenne point le jour.

❧

Soit de cochon ou de veau la crépine,

Vous servira pour l'envelopper bien,
Puis on l'embroche, & de très-bonne
  mine
On le fait cuire avec un fort grand soin.

On met au sang aussi quelque autre
  piece,
En se réglant ainsi qu'il est écrit,
De cet agneau quelquefois on dépece,
Pour mettre au blanc alors qu'il est rôti.

ANDOUILLES
DE PORC.

Sur l'Air : *C'est à toi mon camarade.*

Vous laverez tout à l'aise,
  Les boyaux dans plusieurs eaux ;
Puis on coupe d'un veau gras & blanc la
  fraise,
Et du ventre du porc par petits mor-
  ceaux.

ou la Cuisine en Musique.

Même on prend de la tétine
Taillé par petits rameaux,
Et mettez encor du cochon la crépine,
Coupée & blanchie ainsi que les boyaux.

Joignez canelle battue,
Du sel, du poivre & du clou,
Herbe fine en poudre, & surtout bien
   menue
Laurier, échalotte & mêlez bien le
   tout.

D'ail une pointe est charmante,
Puis dans un peu de vin blanc,
Du lait, de la mie de pain excellente,
Sur le fourneau chauffez le tout douce-
   ment.

Quand tout est chaud on l'arrose,
De jaunes d'œufs pour lier,
Et pour réfroidir hors du feu qu'on
   l'expose,
Après quoi les andouilles il faut for-
   mer.

Vous les blanchirez ensuite
Dans quelque bon court-bouillon,
Fait avec vin blanc & des herbes d'élite,
Où l'on met encore quelques tranches
d'oignons.

Bien refroidir on les laisse
Dans leur court-bouillon ou jus
On les tire, & la mode n'est pas mau-
vaise,
D'y sau-poudrer un peu de sel par dessus.

PIEDS A LA Se. MENOU.

Sur l'Air: *Or écoutez petits & grands,*
ou, *Des pendus.*

L'Un après l'autre de ces pieds,
Vous couperez en deux moitiez;
De lard une barde il faut prendre,
Qu'entre les deux on doit étendre;
Bien proprement les rejoignez,
Et de gros fil vous les liez.

ou la Cuisine en Musique.

Dans une marmite de fer,
Vous aurez soin de bien ranger,
Au fond de la panne excellente,
Puis tranche de bœuf succulente,
Et du reste des lits ferez,
Qu'ainsi vous assaisonnerez.

De panne & de bardes de lard,
Le premier se fait avec art,
Un lit de pieds se met ensuite,
Jusques au bout je vous invite
De faire alternativement,
Toujours le même arrangement.

Du poivre, du sel & du clou,
Et pour en rafiner le goût,
Coriande avec herbe fine,
Bonne eau de vie une chopine,
Deux pintes d'excellent vin blanc,
Et deux dez pleins de vif argent.

La marmite aussi-tôt fermez,
Et parfaitement l'étoupez,
Tout autour mettant de la pâte,

Car l'air les durcit & les gâte,
A la braise les poserez,
Huit ou dix heures les cuirez.

On les tire après à loisir,
Et les laisse du temps réfroidir,
Vous les graisserez tout de suite,
Du saindoux de votre marmite,
Et de mie de pain bien blanc
Vous les pannerez à l'instant.

LIEVRE
A LA SUISSE.

Sur l'Air : *Je vous avois cru belle.*

UN levreau pour bien faire,
D'abord dépouillerez ;
Gardez la peau qui vous est nécessaire,
Car à la broche vous l'en couvrirez,

ou la Cuisine en Musique.

De gros lardons sur l'heure
Le levreau faut larder,
Le farcir d'une farce & des meilleures,
Le coudre que rien n'en puisse échapper.

Que la peau l'on remette,
Puis des bardes de lard,
Ensuite avec du fil ou cordelette,
On y fait de papier un bon rampart.

Etant cuit on déchire
La peau tout de son long,
La rémolade est la sauſſe qu'il désire,
Ou bien sur une eſſence de jambon.

LAPEREAUX
A L'ESPAGNOLLE.

Sur l'Air : *Non jamais vous ne fûtes si belle.*

Deux petits lapereaux que l'on prenne,
Sur le rable on les barde à l'instant,
A la broche sans beaucoup de peine
On les met cuire un peu seulement.

Cependant une sauffe on compofe,
De jus & d'huile d'olive auffi,
De bon vin de Bourgogne une dofe,
Un bouquet d'herbes fines parmi.

Il faut y joindre de l'échalotte,
Gouffe d'ail & tranche de citron,
Un anchois que l'on coupe par côte,
Des capres & quelques moufferons.

Champignons

ou la Cuisine en Musique.

Champignons, une tranche d'orange,
Des truffles qu'ensemble l'on met,
A l'étamine avant qu'on le mange
Ce ragoût se passe tout à fait.

※

Songez surtout qu'il faut ôter l'huile,
Après quoi l'on y joint un coulis,
Et l'on coupe d'une main habile
En quatre ou deux les lapereaux cuits.

※

Quelque peu de temps on les mitonne,
Dans cette sauffe avant de servir,
Cette mode est excellente & bonne,
Pour tous petits pieds qu'on fait rôtir.

LAPEREAU AU JAMBON.

Sur l'Air : *Si-tôt qu'à table.*

A La broche on fait sa cuisson,
Puis une bonne sauffe ensuite,
Faite de tranches de jambon
Passées au lard quoique cuites :
Mais vous devez en les passant,
Les fariner auparavant.

Ayez soin d'y mettre un bouquet,
Quelque peu de capres hachées,
Pour du sel jamais on n'en met,
Les tranches sont assez salées,
Dégraissez de bon jus mouillez,
Et tranches de citron mettez.

LAPEREAUX
A LA TURQUE.

Sur l'Air : *Notre espoir*, &c.

ETant crus d'abord on les desosse,
Une farce l'on met sur les os,
Que l'on arrange & que l'on exhausse,
De même forme & toute aussi grosse
Que les lapereaux.

A l'instant de distance en distance,
Vous piquez de lard frais & bien bon ;
On les cuit au four à suffisance,
Dégraissez & joignez une essence
Faite de jambon.

PERDREAUX
AUX ECREVISSES.

Sur l'Air : *Sortez de l'amoureux empire.*

D'Abord bien cuire vous les faites,
Dans un léger ragoût vous les pas-
sez,
Qu'avec ris de veau vous ferez,
Des truffles, champignons des crêtes,
Sur un feu lent un peu les mitonnez,
Pour les rendre parfaites.

Avant d'en faire le service,
Arrosez-les d'un coulis excellent,
Que vous ferez auparavant,
Appellé coulis d'écrevisse,
Et d'un citron mettez dans le moment
Le jus, sans autre épice.

EPAULE DE VEAU

MARINE'E AU LAIT.

Sur l'Air : *Goûtons bien les plaisirs bergere.*

Une épaule de bonne mine
Vous piquerez de gros lardons,
Avec de l'herbe fine,
Et des tranches d'oignon;
Il faut qu'on la marine
Dans du lait doux & bon.

De la marinade on l'arrose,
La faisant cuire doucement;
A la broche on la pose
Rôtir suffisamment :
Puis la sauce s'expose
A côté chaudement.

PIGEONNEAU GOUPI.

Sur l'Air : *Je n'ai plus de maîtresse.*

D'Un lard bien frais & tendre
Piquez vos pigeonneaux,
Comme on a dû l'apprendre
Parlant des fricandeaux :
Puis de bon jus ensuite,
Et bouillon de marmite
On les mouille aussi-tôt.

Après quoi sur la braise
On leur donne couleur,
Et l'on fait tout à l'aise
Un ragoût des meilleurs ;
Avec huitres nouvelles,
Truffles fraîches & belles,
Herbes de fine odeur.

Des mousserons de même,
Avec des ris de veau,

Qu'avec un soin extrême
Vous coupez par morceaux,
Des champignons d'élite,
Des citrons, & de suite
Cuisez tout au fourneau.

Dedans une coquille
Bien nette & sans limon,
Mettez en homme habile
Proprement dans le fond,
A chaque cueillerée,
De la galimafrée,
Et dessus un pigeon.

Festin joyeux,

PIGEONNEAUX
A LA LUNE.

Sur l'Air : *Va-t-en voir s'ils viennent.*

DEs pigeonneaux bien farcis
On met à la braise,
Et puis sans être trop cuits
En rond il faut qu'ils soient mis ;
Et les masquer d'un coulis,
Qu'on a fait à l'aise.

On l'appelle salpicon,
Et l'on le compose,
Avec foyes gras & jambon,
Truffles vertes & mousseron,
Qu'en dez de bonne façon,
On coupe & dispose.

Aussi des culs d'artichaux,
Et quelques pistaches,

Des ris excellens de veau,
Concombres mis par morceaux,
Filets de poularde il faut,
Champignons sans tache.

Quand les pigeons sont cuits
Dans la casserolle,
Pour donner bon goût aussi
Le jus de citron est mis :
Moitié d'un anchois exquis,
Peu de rocambole.

Rangez les pieds en dedans,
En rond avec grace ;
Les têtes sur le devant,
Et puis jettez promptement
Le salpicon chaudement,
Quand tout est en place.

Sur le plat rangez ainsi,
Couvrez de feuilletage,
Qu'ils soient comme au pilory
Leurs têtes engagées aussi,

Et les pieds sans contredit,
Comme en une cage.

L'ouverture du milieu
Fait voir l'édifice,
Dorez le mettez au feu,
Que le tout cuise en ce lieu ;
Ce ragoût sera des mieux
Dedans le service.

PIGEONS AU SOLEIL.

Sur l'Air : *De quoi vous plaignez-vous.*

DEs pigeons vous plumez
    Tout d'abord dans de l'eau chaude,
Plusieurs fois les lavez,
Pieds & têtes laissez :
De les farcir c'est la mode,
Ensuite il faut qu'ils soient cuits,
En marmite commode
De bardes bien garnis.

Tranches de bœuf dessous
En relévent le mérite,
Puis mettez un ragoût
Ainsi qu'ils se font tous:
De pâte une abaisse ensuite,
Qu'on feuillete adroitement,
Dont couvrez au plus vîte,
Le tout dans un moment.

Par un trou de dessus,
Il faut que chaque pied passe,
Et tous les chefs de plus
A l'entour seront vûs:
Puis la tourtiere l'on place,
Pour un moment cuire au four,
Et l'on dore avec grace
Le dessus & le tour.

Dans l'assaisonnement
Sel, clou, poivre, coriande,
Oignons mis prudemment,
Les herbes finement:
Or la science est plus grande,
Faites pâte adroitement,

Mais qu'elle soit friande,
Voici le dénouement.

De farine, vin blanc
Détrempez tout à votre aise,
Et jaunes d'œufs dedans,
Eau de vie dans l'instant
Roulerez ne vous déplaise,
Dans le brouet le pigeon,
Le frirez sur la braise,
Le persil y est bon.

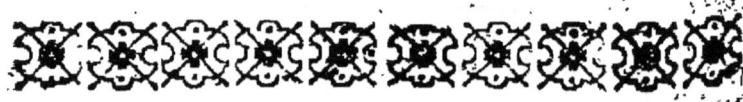

POULARDE

A LA TARTARE.

Sur l'Air : *J'entends déja le bruit des armes.*

METTEZ poularde en cafferolle,
Coupée en deux également,
De tranches de veau qu'on l'accole,
Et bardes de lard succulent ;
Sel, poivre & clou sans rocambole,
Mais fines herbes seulement.

Étant cuite c'est la maniere
De panner & de donner couleur,
Avec un dessus de tourtiere,
Qui soit tout rouge de chaleur,
Servez une sauffe legere,
Un jus d'orange y plaît au cœur.

POULETS
A LA PAYSANNE.

Sur l'Air : *Si l'amour étoit moins malin.*

LA tête & les pieds vous laissez,
Aux poulets que vous farcissez ;
D'une farce bien faite ;
Et d'un ragoût que le corps soit rempli,
Sous la peau qu'on en mette
Adroitement aussi.

De bardes de lard & de bœuf
On les entoure comme un œuf,
Pannez & faites cuire
Au four, mettant un couvercle dessus ;
Enfin quand on les tire
Servez avec un jus.

POULETS ET NOIX DE VEAU EN FRICANDEAUX.

Sur l'Air : *Pierre Bagnolet, &c.*

DEux ou trois poulets qu'on choisisse,
Avec autant de noix de veau,
Que bien l'on les applatisse
Sur la table avec un couteau ;
Sur les charbons les blanchirez,
Et le plus même que l'on puisse,
D'excellent lard les piquerez.

Farcissez ces poulets encore
D'un salpicon à demi cuit ;
Cela les améliore,
Et le goût en est plus exquis :
Faites des trous aux noix de veau,
Où de la farce on incorpore,
Et qu'elle y tienne comme il faut.

ou la Cuisine en Musique.

Rangez bien dans la casserolle,
Que tout le lard soit par dessous,
A petit feu qu'il rissolle,
L'herbe fine y donne bon goût ;
Un peu de sel, des champignons,
Truffle verte, saine & point mole,
Tranche de jambon & oignons.

Du bouillon sans sel que l'on prenne,
Mais qui soit de viande fort,
D'arroser prenez la peine
Remuant le pot par dehors :
Que tout rissolle également,
Et que rien dans le fond ne tienne,
Puis vous glacez tout proprement.

On fait la glâce en camarelle,
Quand ils sont encore dans leur jus,
De farine la plus belle,
Que vous sau-poudrerez par dessus ;
Egoutez-les auparavant,
Faites une sausse nouvelle
Et servez le tout chaudement.

Cette sauſſe ainſi ſe doit faire,
En dégraiſſant celle du pot,
Joignant ſans tant de miſtére,
Un excellent coulis de veau ;
Puis la mettez au fond du plat,
Que votre glace reſte entiere,
Et ſoit ſervie en bon état.

POULETS MIGNONS.

ECorchez quelques poulets tendres,
En coupant la peau ſur le dos,
Mais il ne faut pas vous méprendre,
Et déchirer en rien ces peaux :
Enſuite deſſus faut étendre
Des bardes de lard comme il faut.

En broche vous les ferez cuire,
Et puis vous en prenez les blancs,
De blanchir il faut vous inſtruire
Térine & ris bien ſucculents.

ou la Cuisine en Musique.

Graisse de rognons que l'on tire,
A demi cuits & tout tremblans.

Vous hachez le tout à votre aise,
Puis mie de pain mitonnez,
Dans de la crême sur la braise,
Et six jaunes d'œufs y joignez;
Mais afin que le goût en plaise,
Ainsi le tout assaisonnez.

Des épices, poivre, herbe fine
Et du sel très-légerement,
Mêlez le tout de bonne mine,
Et remplissez adroitement,
Les peaux qu'exprès on y destine,
Et les recousez à l'instant.

Etant dans leur forme premiere,
Il faut les blanchir avec art,
Que la peau reste toute entiere,
Et les piquez de petit lard,
Couvrez-les dans une tourtiere
De lard ou veau chacun à part.

Au four que la cuisson soit faite,
Ensuite vous les servirez
A sec dessus une serviette,
Ou bien dans un plat où mettrez
De jambon essence parfaite,
Que pour cet effet vous ferez.

DINDON

A LA SAINGARAS.

Sur l'Air : *L'amour plaît malgré les peines.*

A La broche on le fait cuire,
Bardé de lard proprement;
Ensuite on le met confire,
Ou mitonner comme il faut.

Dans une sausse bien faite,
Avec tranches de jambon,
Lard & persil qu'on y jette,
Et ciboule au lieu d'oignon.

Un bouquet s'y fait encore,
Le tout dessus un fourneau,
Pour que rien ne s'évapore,
Tenez couvert le vaisseau.

Mettez un peu de farine,
Deux ou trois tours le passez,
D'un coulis de bonne mine,
Ou de jus vous l'arrosez.

Joignez un peu d'échalotte,
De vinaigre un seul filet,
Et qu'un moment il migeotte,
Dans ce ragoût ainsi fait.

Pour que le goût il en prenne,
La cuisse & l'aîle levez,
A dégraisser prenez peine,
Et chaudement le servez.

POUPETTON D'ALLOUETTES.

Sur l'Air : *Noël pour l'amour de Marie.*

AU fond d'une poupettonniere,
Des bardes de lard étalez ;
Puis de la farce qu'il faut faire,
Que de pain & d'œufs vous liez.

Dans des blancs d'œufs les mains on trempe,
Pour attacher le godiveau,
Et faire une espéce de rampe,
Contre les bardes il vous faut.

Un ragoût à l'instant qu'on fasse,
D'allouettes ou pigeonneaux,
Que l'on range & met en leur place,
Dans le milieu tout aussi-tôt.

De ce godiveau tout de suite,
Et de bardes pareillement,
Bouchez & couvrez au plus vîte,
Qu'il soit renfermé proprement.

Vous le mettez cuire à la braise,
Dessus & dessous de bon feu,
Puis vous le dégraissez à l'aise,
Et le trouvez dans le milieu.

On fait paroître quelque tête,
Ou bien quelques culs d'artichaux,
Et pour le servir qu'on l'apprête
Avec la sausse, ou du jus chaud.

OUILLE DE FLANDRES.

Sur l'Air : *Une jeune pucelle.*

DU mouton il faut prendre
Un bon morceau,
Du bœuf qui soit bien tendre
Avec du veau :
Pied de cochon avec son oreille,
Saucisse bien vermeille,
Cervelat gras & beau.

De sel on l'assaisonne,
De poivre & cloux,
Le saffran même y donne
Assez de goût,
Mais seulement qu'à la fin on le mette,
Quand la cuisson est faite,
Pour finir ce ragoût.

Vous joindrez & racines,
Et celeri,

ou la Cuisine en Musique.

Des choux de bonne mine
Coupez parmi,
Et vous ferez le tout ensemble cuire,
Comme on vient de le dire,
Et le servez ainsi.

Les viandes on dispose
Dans le milieu,
Soignez qu'on les arrose
Du jus un peu ;
Et tout autour les racines on arrange,
Dont on fait le mélange,
En les tirant du feu.

FRAISE DE VEAU

MARINE'E ET CUITE AU LAIT.

Sur l'Air: *Pourquoi n'avoir pas le cœur tendre.*

Vous ferez cuire à l'ordinaire
La fraise comme l'on sçait,
Plusieurs morceaux il en faut faire,
Que l'on fait
Mariner dans du lait.

Prenez du lait de la farine,
De ce lait du bouillon frais,
Faites une pâte bien fine,
Dont exprès
Vous l'enduisez après.

D'un œil bien roux il faut la frire,
Ensuite la servirez,
Avec du persil, c'est-à-dire,
Que frirez,
Et tout autour mettrez.

FRICANDEAUX

FRICANDEAUX

EN RAGOUST.

Sur l'Air : *Boire à la Capucine*, &c.

DE bon veau que l'on prenne,
Coupez-le par morceaux,
Piquez-les avec peine
De lardons assez gros :
En casserolle ensuite,
Mettez-les au plus vîte,
Et les arrangez tous,
Avec du lard dessous.

Quand on leur a fait prendre
La couleur comme il faut,
Vous devez sans attendre
Les tirer aussi-tôt ;
Faites de bonne mine,
Frire de la farine,
Dans un peu de ce lard,
Que vous tirez à part.

Après on les fait cuire,
Les mouillant de bouillon,
Et ce ragoût désire
Truffles, sel, champignon,
Le poivre & l'herbe fine,
Jambon de bonne mine,
Dont les tranches coupez,
Dégraissez & servez.

FOYE GRAS
EN CREPINE.

Sur l'Air : *Nous allons en vendange.*

Pilez des foyes partie,
 Du jambon cuit à part,
Des champignons & tétine blanchie,
Des ris de veau, du lard,
Assaisonnez d'épice bien choisie,
Et le tout avec art.

Qu'à chaque foye on mette
La farce tour à tour,
Enveloppez de crépine bien nette,

ou la Cuisine en Musique.

Pannez, cuisez au four,
Et puis servez une sauſſe bien faite,
Deſſous & tout autour.

PIEDS DE MOUTON
FARCIS.

Sur l'Air : *Que Bacchus eſt doux à ſuivre.*

ETant cuits on les deſoſſe,
Et de farce on les garnit,
Dans des œufs battus on les paſſe & les
 ſauſſe,
Enſuite on les panne & frit,
Pour donner appétit.

Pour y donner la parure,
Aux bords du plat on étend
Du perſil bien frit, dont on fait la bor-
 dure,
Et ſervez bien chaudement,
Que le tout ſoit croquant.

COTELETTES
EN SURPRISE.

Sur l'Air : *Bacchus est aimable.*

Chaque cotelette
D'abord desossez,
Que farce en soit faite,
Et que vous dressez
En forme parfaite,
De petits pâtez.

Cette farce est bonne
Avec ris de veau,
Que l'on assaisonne
Comme un godiveau,
Et que l'on façonne,
Sans y mettre d'eau.

Dans du lait sans cesse,
Et blanc d'œuf bien sain,

ou la Cuisine en Musique.

Alors qu'on les dresse,
Trempez votre main,
La pâte sans presse,
Et tient mieux enfin.

Un trou que l'on fasse
Tout juste au milieu
Mettez à la place,
De la farce un peu,
Couvrez la surface,
Avant d'être au feu.

Pour les faire cuire,
Les os remettrez,
Plus court, c'est-à-dire,
Et bien ratissez,
Que rien ne déchire
Ces petits pâtez.

Pour plus de mérite,
Dans des œufs cassez,
Bien frais & d'élire,
Alors les passez,

Festin joyeux,
Puis les frire ensuite,
Qu'ils soient rissolez.

Sur une serviette
Servez proprement,
Chaque cotelette,
Se range à son rang,
Tout autour qu'on mette,
Persil seulement.

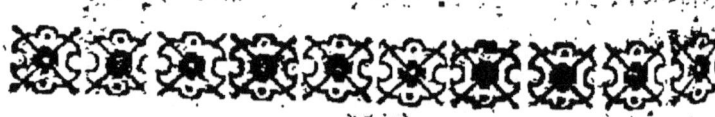

POUPIETTE FARCIE.

Sur l'Air : *De Lampons.*

DEs tranches de bœuf coupez,
Des tranches de bœuf coupez,
Que bien vous applatissez,
Que bien vous applatissez;
Ensorte que leur structure
De la main soit la figure,
Lampons, lampons,
Camarade lampons.

ou la Cuisine en Musique.

Une farce l'on fera,   bis
Au poivre & sel on mettra,   bis
Persil & ciboule encore,
Que dedans on incorpore,
Lampons, &c.

Cette farce l'on étend,   bis
Sur chaque tranche à l'instant,   bis
De bardes de lard d'élite,
On les couvre & roule ensuite,
Lampons, &c.

Dans une brochette enfin,   bis
On les enfile soudain,   bis
Puis on les fait cuire à l'aise,
En broche ou bien à la braise,
Lampons, &c.

PAIN AU JAMBON.

Sur l'Air : *Suivons la maxime.*

D'Un jambon bien tendre
Des tranches coupez,
Qu'il vous faut d'abord étendre,
Ensuite un peu les battez.

Dans une terrine
Vous les arrangez,
Du persil, de l'herbe fine,
De la ciboule y joignez.

Puis on les arrose,
De lard fondu chaud,
Après quoi l'on se dispose,
A les passer au fourneau.

Faut qu'on les farine,
Mais légerement ;
D'un bouillon de bonne mine,
Mouillez-les dans le moment.

Soignez qu'on choisisse
Du bouillon bien doux,
Sans aucun sel, sans épice,
Qui gâteroient ce ragoût.

Surtout qu'on y mette
Du coulis de veau,
Et qu'un filet on y jette,
De vinaigre clair & beau.

Au lieu de la mie
D'un bon pain molet,
Que la place en soit remplie,
De ce mélange ainsi fait.

BOUILLONS
EN PASTILLES.

Sur l'Air : *Pierrot se plaint que sa femme.*

PRenez de bœuf une tranche,
Tendre ruelle de veau,
De bon mouton une éclanche,
Qu'on dégraisse bel & beau,
Poule d'élite,
Perdrix & canard qu'il faut
Mettre en marmite.

Cuisez tout au bain-marie,
Que le pot soit bien bouché,
D'un peu de pâte pétrie
Que le tout soit étanché,
Et qu'il demeure,
Au moins sur le feu couché
Six ou huit heures.

ou la Cuisine en Musique.

A l'inſtant le jus on paſſe,
La viande il faut deſoſſer,
Qu'elle ne ſoit point trop graſſe
A quoi vous devez penſer,
Mais ainſi vîte
Hachez - la, faites ſécher
Le tout enſuite.

Il faut même encore la moudre,
La mêler avec le jus,
Quand elle eſt réduite en poudre,
En l'arroſant par deſſus,
Faire une pâte
Coupée en façon d'Agns,
Et large & plate.

Vous ſécherez ces paſtilles,
Dans le four pour les garder,
Afin qu'elles ſoient plus utiles
Proprement dans du papier,
En un voyage,
On peut fort loin les porter
Pour ſon uſage.

I

Festin joyeux,

Dans de l'eau chaude on en trempe,
De la grosseur de deux œufs,
Et cette seule détrempe
Fait un bouillon savoureux,
Mais qu'on le passe,
Pour ôter le limoneux
Avec la crasse.

BOUDIN BLANC.

Sur l'Air : *Laissez paître vos bêtes.*

LE blanc d'une volaille
Qui soit à la broche roti,
Hachez comme la paille,
Mie de pain parmi :

Reprise.

De la panne aussi de cochon,
Du poivre, sel, un jus d'oignon,
Clou, muscade & du lait bien bon,
Sans que rien y domine,
De la sariette & du thin,
Coriande, herbe fine
Et basilique enfin.

où la Cuisine en Musique.

A la reprise de l'Air.

Mettez au feu sur les fourneaux,
Jusqu'à ce que le lait soit chaud,
Et puis laissez-le en repos :
Ensuite qu'on l'arrose
De cinq ou six œufs bien battus,
Et puis après repose
Un bon quart d'heure au plus.

A la reprise de l'Air.

Après quoi comme vous voudrez,
Vos boudins vous façonnerez,
Dans la chaudiere les cuirez
Avec de l'eau bien nette,
Vous mettrez du sel & du lait,
Quelques oignons qu'on y jette,
Et le boudin est fait.

BLANC MANGER.

Sur l'Air : *Le démon malicieux & fin.*

PRenez trois ou quatre pieds de veau,
Bien cuits passez le bouillon tout chaud ;
Ecorce de citron verd ensuite
Vous y mettez sucre & canelle aussi,
Qu'ensemble l'on brouille & l'on agite,
Tant que le bouillon soit bien refroidi.

Amandes douces vous y mettez
Deux poignées ou vous mêlerez,
Une demie douzaine d'ameres,
Qu'il faut que l'on échaude & pile bien ;
Vous le ferez cuire un peu mais gueres,
Car trop dur il ne peut servir de rien.

Avec du bouillon chaud & bien fait,
Et le double de lait qu'on y met,
On le passe dans une serviette,
Cinq ou six fois afin de l'éclaircir,
Du sel un ou deux grains on y jette,
Et dégraissez avant que de servir.

※

Serrez fort la serviette surtout,
Pour donner des amandes le goût,
Sur l'heure on doit le mettre à la glace,
Afin qu'il soit bien pris quand on le sert,
Autrement il n'auroit point de grace,
Et ne seroit pas nommé Blanc manger.

POTAGE
AUX ECREVISSES.

Sur l'Air : *Adieu panier, &c.*

Dedans une claire purée,
Que vous ferez auparavant,
Mettez racines à l'instant,
Et sur le feu qu'elle soit posée.

Pour le jus il faudra sur l'heure
Couper des oignons sains & frais,
Avec carottes & panets,
Puis riffolez le tout dans du beurre.

Des légumes dans la purée,
Arrosez avec le bouillon,
Joignez-y quelque champignon,
Et mettez-y carpe defossée.

ou la Cuisine en Musique.

Assaisonnez à l'ordinaire
Avec du basilique & clou,
Girofle, sel, puis passez tout,
Quand il est cuit de bonne maniere.

Epluchez la queue & les pattes,
Des écrevisses proprement,
Dans l'eau cuites auparavant,
Elles en sont bien plus délicates.

Sans mettre d'eau la moindre goute,
De têtes de carpes à sec,
Que pilerez pour cet effet,
Il vous faut faire un coulis sans doute.

Pilez aussi croute séchée,
D'un pain qui ne soit point rassis,
Mêlez & passez au tamis,
Que la couleur en soit bien perlée.

Prenez le corps des écrevisses,
Que vous broyerez bel & beau,

Et ferez deſſus le fourneau,
Tout mitonner ſans autres épices.

Un ragoût vous ferez encore,
Où mettrez truffle & champignon,
Laitance de carpe à foiſon,
Dont le potage il faut qu'on décore.

Que la ſoupe ſoit mitonnée,
De croutes de pain chapelé,
Et de ce bouillon façonné,
Puis d'un citron ſur l'heure arroſée.

On met au milieu pour indices
Culs d'artichaux, ou pain farci,
Autour vous rangerez auſſi,
Un beau cordon de vos écreviſſes.

POTAGE AUX MOULES.

Sur l'Air : *Puissant Dieu du vin*,
ou, *Aimable vainqueur*.

MOules épluchez,
Ensuite lavez,
Et faites-les cuire
Comme on désire
Avec des oignons,
Persil, racine,
Beurre de cuisine
Et des champignons :
Que tout pour le mieux,
Bouille en eau bien claire
Sans autre mistere,
Un bouillon ou deux ;
Puis à l'instant,
Passez proprement,
Dans une terrine,
Par une étamine,
Gardez seulement
Pour la façon,
Ceux de bonne mine,
Pour faire un cordon.

Pour faire un ragoût
Qui soit de bon goût,
Champignons, laitance
En abondance
Des culs d'artichaux ;
Que tout ensemble,
En cuisant s'assemble
Dessus les fourneaux,
Du persil bien net :
Ayez soin de prendre,
Et ciboule tendre,
En un seul bouquet ;
Puis le tirant
Bien adroitement ;
Hors de sa coquille,
Il est fort utile,
Qu'on mette en servant
Tout par dessus,
D'une main habile
D'un citron de jus.

On fait un coulis,
Comme au tems jadis,
Pilant des amandes
Fraîches, friandes,
De bons jaunes d'œufs ;
Et quelque moule,
Pour que ce qui coule

ou la Cuisine en Musique.

Soit plus savoureux,
Joignez-y de pain
Quelque peu de mie,
Que tout, je vous prie,
Mitonne soudain :
Il faut enfin
Par un tamis fin,
Passer ce potage,
Mais le coquillage
Paroît à la fin,
En bon état,
Faisant un bordage
Tout autour du plat.

POTAGE AU FROMAGE
DE PARMESAN.

Sur l'Air : *Suivons l'Amour, &c.*

PRenez d'un pain des tranches de mie,
Du Parmesan aussi couperez ;
L'un dessus l'autre on les apparie,
Ainsi trois lits de chacun rangerez.

Vous mitonnez d'abord le potage,
La pelle rouge y paſſez par deſſus,
Afin de bien glacer le fromage,
Que les lits ſoient enſemble confondus.

D'un pain farci faut qu'on le garniſſe,
Soignez ſurtout qu'il ſoit chapelé,
Et finement autant qu'on le puiſſe
Jettez deſſus du fromage rapé.

Des ris de veaux à l'entour qu'on
  mette,
Et des croutons paſſez au ſaindoux,
Qu'il faut glacer quand on les apprête,
Et leur donner une couleur de roux.

POTAGE DE TORTUE.

Sur le même Air.

Otez tête & jambe de tortue,
Trempez-la bien quelques jours
　　　dans l'eau,
Vous la mettrez ainsi toute nue,
Et la ferez cuire comme il le faut.

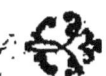

Joignez du sel, girofle, herbe fi-
　　ne,
Dans de l'eau pure avec quelque oignon,
Bardés d'un lard frais de bonne mine,
Un peu de clou & tranches de citron.

D'un peu de bœuf un coulis faut faire,
Même de veau qu'on aura farci,
Que pilerez tout à l'ordinaire,
En y joignant ce que je mets ici.

Blanc de poularde il faut que l'on
  prenne,
Ou de poulets qu'ensemble mêlez,
Amandes douces demie douzaine,
Mie de pain, œufs durs & bien pilez.

Bien mitonné dans une terrine,
Vous aurez soin que l'on passe tout,
Comme l'on sçait par une étamine,
Pour lui donner & bon air & bon goût.

Dans le milieu placez la tortue,
Croutes mettez autour tout en rond,
Culs d'artichaux on y distribue,
Et ris de veau qu'on a coupé en long.

Sur le potage on verse sur l'heure
Ce bon coulis prescrit ci-dessus,
Mais la saveur en sera meilleure,
Si d'un citron l'on ajoute le jus.

Sur

Sur le sommet de votre potage,
La coquille augmente le bon air,
On la frit & met en étalage,
Au même instant seulement que l'on
 sert.

Quelquefois d'un coulis d'écrevisse,
Ou même d'un coulis blanc marbré,
On peut fort bien garnir ce service,
Au lieu du coulis ci-dessus marqué.

POTAGE DE SOLE
EN GRAS.

Sur le même Air.

DE farce il faudra qu'on la garnisse ;
La frire après au lard frais & beau,
Puis la piquer avec artifice,
De filets crus de sole & ris de veau.

N'oubliez pas que vous devez frire
Les ris, dont vous ferez les filets,

M

Car pour la sole faut vous instruire,
Que c'est tout crus que les lardons sont
faits.

Avant de frire les andouillettes,
De la farce qui vous restera,
D'œufs bien battus quand elles sont fai-
tes,
Avec de la mie on les enduira.

Dans le milieu rangerez la sole,
Ris, andouillettes, filets autour,
Même un ragoût qu'en la casserole
Vous aurez fait tout exprès en ce jour.

Dans ce ragoût on met la morille,
Le mousseron & le champignon;
Puis arrosez d'une main habile,
D'un jus de veau sans nul autre bouillon.

POTAGE DE CARPE

FARCIE EN GRAS.

Sur le même Air.

DEsossez une carpe bien grosse,
Farcissez-en le corps proprement,
Servez en faisant la même sausse,
Que celle de la sole ci-devant.

Quant à la farce il vous faut la faire,
Avec la chair du même poisson,
Herbes, ciboules à l'ordinaire,
Des ris, du lard, & graisse de rognon.

Des champignons & de la tétine,
Que l'on blanchit ainsi que l'on sçait,
Mie de pain, œufs de bonne mine,
Dont il faudra faire un hachis parfait.

POTAGE DE BROCHET.

Sur l'Air : *Etre cinq ou six.*

Deux ou trois brochetons que l'on
farcisse,
Ensuite un friand ragoût on fait ;
Ce potage avec délice,
Doit mitonner tout-à-fait.

Qu'avec du poisson du bouillon on
fasse,
Dont vous l'arrosez en le mitonnant ;
Et de purée qu'on passe
Bien claire & d'un œil brillant.

Après un coulis il vous faudra faire
De blanc de brochet, d'amandes peu,
Et même il est nécessaire,
D'y mêler du jaune d'œuf.

ou la Cuisine en Musique.

De pain blanc vous prenez encore la
  mie,
Puis ensemble le tout vous mêlez,
Mitonnez bien, je vous prie,
A l'étamine passez.

On pourroit encore garnir cette
  soupe
De laitances, de culs d'artichaux,
Et de filets que l'on coupe,
D'un brochet cuit à propos.

LE JUS EN MAIGRE.

Sur l'Air : *Hé bien, &c.*

Oignons & racines coupez,
  Puis le tout ensemble mettez
Avec d'excellent beurre,
Hé bien,
Rissoler près d'une heure,
Vous m'entendez bien.

Lorsque le tout est rissolé,
Dessus un feu très-modéré,
Vous le mouillez ensuite,
D'eau de pois au plus vîte

Vous y rompez des champignons,
Et des carcasses de poissons,
Puis mettez herbe fine,
Hé bien,
Persil de bonne mine,
Vous m'entendez bien.

Ce jus long temps vous servira,
Quand tout chaud on le passera,
Dans un vaisseau de terre,
Hé bien,
Car tout autre est contraire,
Vous m'entenez bien.

COULIS EN MAIGRE.

Sur l'Air : *A la façon de barbari, &c.*

PAssez racines & oignons,
Et croutes chapelées,
Mettez-y du jus de poissons,
Ecrevisses pilées :
Du sel, persil & champignons,
La faridondenne, la faridondon,
Et mitonnez le tout ainsi,
Biribi :
A la façon de barbari
Mon ami.

Passez le coulis ci-dessus
Dans un vaisseau commode,
Vous le rangez auprès du jus,
C'est la bonne méthode,
Pour servir à l'occasion,
La faridondenne, &c.
Chaque fois qu'on veut s'en servir,
Biribi, &c.

GALENTINE

DE POISSON.

Sur l'Air : *Des folies d'Espagne.*

AYez persil, pistaches des plus bel-
    les,
De bons œufs durs le jaune & le blanc,
Des champignons, truffles vertes nou-
    velles,
Morille enfin pour l'assaisonnement.

Ouvrez la peau d'une très-belle an-
    guille,
Etendez-la de toute sa largeur,
Par petits lits rangez en homme habile,
En observant de mêler la couleur.

Coupez ainsi de cette fourniture,
Chacune à part en guise de lardons,

Et.

Et vous mettez au fond pour garniture,
Un petit lit de farce de poissons.

Observez l'ordre en mêlangeant sans
 cesse,
Le noir, le rouge, & le blanc & le verd,
Piquez de grains de poivre avec adresse,
De farce enfin que le tout soit couvert.

Roulez l'anguille & qu'elle ait bonne
 mine,
Vous en ferez comme un gros cervelat,
Qu'il faut serrer dedans une étamine,
Et mettre cuire avant votre repas.

Pour la cuisson c'est tout à l'ordinaire,
Dans de bon vin du beurre du plus frais,
Et qu'au surplus on n'assaisonne gueres,
Cela se sert par tranches à l'entremêts.

PATÉ DE MACREUSE.

Sur l'Air : *De la baguette de Vulcain.*

D'Abord on cuit à demi la macreuse,
En la mettant dans un bon court bouillon ;
Puis de poisson une farce fameuse,
Dessus la pâte on étend tout du long.

Joignez après un ragoût d'importance,
Que vous aurez fait avec du coulis,
Celui d'écrevisse a la préférence,
Et dégraissez quand le tout aurez mis.

Ajoutez-y capres une poignée,
Quelques anchois, d'un bon citron le jus,
Et qu'elle soit encore accompagnée,
Dans la saison de gros grains de verjus.

BROCHET ROTI

A LA BAVIERE.

Sur l'Air : *Que pas un ne recule.*

D'Une farce bien fine,
L'on remplit un brochet,
Puis à la broche on le met
Rissoler de bonne mine,
L'arrosant avec du vin,
Et du beurre du plus fin.

Dedans la léchefrite,
A mettre de l'oignon,
Du poivre à discrétion,
Et du sel, je vous invite,
Puis un ragoût y joindrez,
Dessus quand vous servirez.

MATELOTTE
AUX PETITS OIGNONS.

Sur l'Air : *Nous sommes de l'armée Navale.*

Mettez carpes & brochetons,
Anguille avec de blancs oignons,
Dans un chaudron avec du beurre,
A tout le moins une fois l'heure.

Du sel, du poivre prudemment,
Une gousse d'ail, du vin blanc,
Girofle, herbes fines en botte,
Et servez votre matelotte.

SOLES A L'ESPAGNOLLE.

Sur l'Air : *J'espérois que ma flamme.*

DEs soles on met frire,
Une sausse ferez,
Qu'en particulier il faut cuire,
Et qu'au tamis vous passerez.

C'est un parfait mélange
D'huile d'olive & jus
D'oignons, de citron & d'orange,
Des tranches qu'on jette dessus.

De l'ail, de l'échalotte,
Rocambole, un anchois,
Capres, herbe fine une botte,
Et de bon vin tout à la fois.

Toute l'huile on dégraisse,
Puis le ragoût se fait,

Festin joyeux,
D'un coulis cuit avec adresse,
Dans lequel à l'instant on met.

Des queues d'écrevisses,
D'excellens champignons,
Un peu de sel, gueres d'épices;
Et si l'on veut des mousserons.

Dans le ragoût qu'on mette,
Les soles un moment,
Enfin cette sausse on y jette,
Alors qu'on les sert seulement.

Si l'on veut on peut faire,
Ainsi d'autre poisson,
Le cuisant de cette maniere,
Et servant de même façon.

ou la Cuisine en Musique.

TOURTE D'ANGUILLE.

Sur l'Air : *On verra régner l'innocence.*

Ecorchez, coupez des anguilles,
Les passez dessus les fourneaux,
Avec champignons & morilles,
Des truffles & des culs d'artichaux.

Enfoncez une abbaisse platte,
Laissant réfroidir ce poisson,
Ensuite on l'étend sur la pâte,
De carpe une farce dans le fond.

Mettez après la garniture,
Laitance de carpe au milieu,
D'écrevisses faites parure,
Avant de rien mettre sur le feu.

Du laurier, des cloux & muscade,
Ciboule, persil, poivre, sel,
Et faites dessus en parade,
De bon beurre une espèce de ciel.

Avec œufs battus on la dore,
Du bout d'une plume on l'enduit,
Mais de pâte on la couvre encore,
Et pour la cuire une heure suffit.

Enfin il faut qu'on la dégraisse,
Mettez un coulis par dessus,
Du jus de citron on y presse
En la servant, ou bien du verjus.

CARPES FARCIES

SUR L'ARRESTE.

Sur l'Air : *Iris est-il un cœur qui ne vous céde.*

DEux carpes prenez de grosseur pareille,
Qu'écorcherez puis en ôtez la chair,
A la queue & tête il faut surtout qu'on veille,
A leur laisser la peau sans en rien retrancher.

Hachez la chair en y mettant du beurre,
Environ un tiers, & mie de pain
Que l'on fera tremper dans du lait sur l'heure,
Des jaunes d'œufs tous crus, une omelette enfin.

Assaisonnez de persil & d'épice,
De ciboules encore, tout pour le mieux,
De les réformer on se fait un délice,
Trempant pour cet effet les mains dans
  des blancs d'œufs.

Ensuite on les panne avec de la mie,
Et les écailles vous imiterez,
Au four mettez-les cuire, c'est la ma-
  nie,
Et nettoyez le plat quand vous les ser-
  virez.

Servez-les dans une sauffe liée,
Ou bien dans un coulis de champi-
  gnons,
Que la carcasse au bord en soit étalée,
Et des petits pâtez rangez aux environs.

CARPE EN GRAS FARCIE SUR L'ARRESTE.

Sur l'Air : *Dans ces lieux tout rit sans cesse.*

POur la farce il faudra faire
De chair de carpe un hachis,
De la crême belle & claire,
Mie de pain dont on fait un salmis.

Vous la desséchez ensuite,
La mêlant avec des œufs,
De la tétine point cuite,
Du lard blanchi, du veau bien savoureux.

Persil, champignons on jette,
Des fines herbes aussi,
Quelque peu de ciboulette ;
Mêlez bien tout tant qu'il soit réfroidi.

Puis joignez d'excellent beurre,
Des jaunes de bons œufs frais,
De cette farce sur l'heure,
Vous formerez comme une carpe après.

Le tout rangé sur l'arrête,
Vous laissez le ventre creux,
Joignez la queue & la tête,
Que la figure en paroisse bien mieux.

Dedans le ventre on y place
Crêtes de coqs, pigeonneaux,
Des foyes gras de bonne grace,
Des champignons vermeils, frais & nouveaux.

Mais avant faites tout cuire,
Et liez d'un bon coulis,
Même le bon goût désire,
Que ce coulis soit de jus de perdrix.

ou la Cuisine en Musique.

La carpe au four cuit ensuite,
Surtout point trop de chaleur,
Puis on la sert étant cuite,
Très-chaudement & de belle couleur.

CARPE FARCIE
A L'ANGLOISE.

Sur l'Air : *Nos Pélerins ont bonne mine.*

Faites la farce en homme habile,
Avec le persil, la morille,
Chair de carpe & même d'anguille,
Epices, beurre, champignons,
Qu'un petit goût d'anchois y brille,
Ajoutez-y quelques oignons.

Quand la farce sera finie,
Que votre carpe en soit remplie,
Prenez la grosse & rebondie,
De bon girofle & de laurier ;
Lardez-la bien, c'est la manie,
Et l'enveloppez de papier.

Vous pouvez l'embrocher ensuite,
Et jusqu'à ce qu'elle soit cuite,
A l'arroser je vous excite,
Avec du lait doux qui soit chaud :
Au four elle a même mérite,
L'y faisant cuire comme il faut.

La sauße n'est pas de dépense,
Faites un ragoût de laitance,
Où vous joindrez en diligence
Asperges, truffles, champignons,
Que le tout cuise avec prudence,
Dans de bon vin blanc un flacon.

MERE CARPE
A LA CHAMBORT.

Sur l'Air : *Dupont mon ami.*

UNe grosse carpe ayez des plus bel-
    les,
Ouvrez-lui le flanc de façon nouvelle,
Ensuite l'écorcherez,
Et de lard la piquerez.

Mettez dans le corps pigeonneaux
    d'élite,
Crêtes, champignons, & des ris en-
    suite,
Quelques truffles, mousserons,
Le tout cuit avec raison.

Recousez le flanc, soignez qu'on la
    plie,
Dans une étamine ou serviette unie,

Proprement la rangerez,
Et de son long la mettrez.

Du veau vous prenez moitié de ruel-
le,
Aussi du jambon de couleur bien belle,
Qu'avec des bardes de lard,
Vous ferez suer à part.

Avec des oignons & quelque racine,
Prenez, s'il s'attache, un peu de fari-
ne,
Et faites le tout roussir,
Avec du beurre à loisir.

Mouillez doucement en la faisant
cuire,
Puis de l'égouter il faut vous instruire,
Et lui donnerez couleur,
Avec la pelle en chaleur.

Si vous le voulez on la glace encore,
D'un bon caramel que l'on incorpore,
Fait avec coulis de veau;
Ou des viandes qu'il y faut.

Dans le fond du plat que l'on lui des-
tine,
Mettez de jambon essence bien fine;
Autour mettez fricandeau,
Ou d'anguilles ou de veau.

On y joint encore quelque écrevisse,
Des petits pâtez ornent ce service,
Rangez le tout proprement,
Et le servez chaudement.

HURE DE SAUMON

A LA BRAISE.

Sur l'Air : Le joli moulin.

Faites d'anchois & d'anguille,
Façon de poisson,
Lardez-en en homme habile
Hure de saumon ;
De la cuire il est facile
Dans un court-bouillon.

Le ragoût qu'on le garnisse
Avec mousseron,
Truffles, queues d'écrevisse,
Laitance à foison ;
Puis mettrez lors du service
Un jus de citron.

TRUITES AUX HUITRES.

Sur l'Air : *Nanon dormoit.*

Truites prenez,
Otez-en les écailles,
Puis les coupez,
Et jettez les tripailles
Faites-les cuire enfin,
Dans une casserolle avec du vin.

Faites surtout,
Lorsque la truite est cuite,
Un bon ragoût
D'huitres fraîches & d'élite,
Et quelque champignon,
Arrosez le tout d'un jus de citron.

BARBUE
AU COURT-BOUILLON.

Sur l'Air : *Ho ! gay lanla.*

PRenez une barbue
Et la lavez,
Qu'elle soit bien dodue
Puis la mettez,
En casserole avec vin blanc,
Oignon blanc friand,
Qu'on ajoutera,
Ho ! gay lanla lanlerre,
Ho ! gay lanla.

Joignez de l'herbe fine,
Et du persil,
Beurre de bonne mine
Très-bien choisi :
Mettez tout dessus un feu lent,
Puis au même instant
La sausse on fera,
Ho ! gay, &c,

Etant doucement cuite,
Il faut du lait,
Tirez-la tout de suite,
Pour cet effet,
Mais dans la sauffe promptement,
Champignons, vin blanc
Sur l'heure on mettra.
Ho! gay, &c.

Perſil, ciboule hachée,
Truffles, anchois,
Capre bien marinée,
Beurre de choix,
La paſſant deſſus le fourneau,
D'un coulis bien beau,
On l'arroſera,
Ho! gay, &c.

Ayez ſoin qu'on dégraiſſe,
Tout en bouillant,
Et que rien on n'y laiſſe
De dégoutant,
Qu'elle paroiſſe en bon état
Miſe ſur le plat,
Quand on ſervira,
Ho! gay, &c.

MACREUSE EN RAGOUT
AUX HUITRES ET LAITANCE
DE CARPE.

Sur l'Air : *Assis sur l'herbette.*

Tout d'abord plumée
Avec un grand soin,
Et puis échaudée,
Dont elle a besoin,
Mettez la macreuse
Sans nul embaras,
En terrine creuse
Cuire en ce repas.

Que du beurre on mette
Quand la sauſſe on fait,
De l'eau claire & nette,
D'herbes un bouquet,
Epices, laitance,
Truffles, champignons,

Sel avec prudence,
Sans autre façon.

Cette sausse cuite,
A part se mettra,
La macreuse ensuite
Qu'on arrosera,
D'un jus d'écrevisse,
Coulis de poisson ;
Autour du service,
Tranches de citron.

SOLES
A LA SAINTE MENOU.

Sur l'Air : *De la Testart.*

FOndez de bon beurre frais,
Passez-le tandis qu'il coule,
Dessus les soles après,
Hachez persil & ciboule :
Jettez-le, jettez-le, jette-le bien,
Et tenez-y pied à boule,
Jettez-le, jettez-le, jettez-le bien,
Et de la mie de pain.

Avec du vin dans le four,
Et du sel on les fait cuire,
Pour les servir à leur tour :
Etant cuites on les tire,
N'oubliez, n'oubliez, n'oubliez pas,
Que du citron on désire,
N'oubliez, n'oubliez, n'oubliez pas,
Du citron dessus ces plats.

ANGUILLE
A L'ANGLOISE.

Sur l'Air : *Vous le sçavez bien.*

L'Anguille il faut dépouiller,
Ensuite il faut l'émonder,
En la coupant par tronçons,
Faites-lui partout des incisions ;
Dans du vin blanc la mettrez,
Où vous la marinerez.

Des morceaux qui sont coupez,
Les fentes vous emplirez,

ou la Cuisine en Musique.

D'une farce faite exprès,
Et dedans sa peau vous devez après,
La remettre doucement,
Liant les bouts fortement.

Piquez-la de tous côtez,
Puis en broche la mettez ;
Servez-la tout chaudement,
En faisant ainsi la sausse à l'instant
Beurre, capres, des anchois,
Que ferez cuire à la fois.

LOTTES
A L'ALLEMANDE.

Sur l'Air: *De la Fanatique.*

D'Abord vous les échaudez bien,
Et puis je vous invite,
A les mettre avec du vin
Dedans une marmite,
Et chapelures de pain
Vous y joindrez ensuite.

De poivre, sel & beurre frais,
Ciboule bien hachée,
Un peu de persil après,
Comme à la fricassée,
Que la sausse bouille après,
Tant qu'elle soit liée.

VIVES
AUX TRUFFLES VERTES.

Sur l'Air : *Ma Tante mariez-moi donc.*

EN casserolle vous mettrez,
Les vives que vous mouillerez,
De vin en abondance
    Je pense,
De vin en abondance.

Fines herbes, du beurre fin,
Epices, des oignons enfin,
Que ferez cuire ensemble
    Me semble,
Que ferez cuire ensemble.

De la sausse les tirerez,
Ensuite les égouterez,

C'est la bonne maniere
De faire,
C'est la bonne maniere.

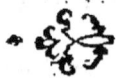

De truffles on fait un ragoût,
Un peu relevé de bon goût,
Dont il faut qu'on l'arrose
Pour cause,
Dont il faut qu'on l'arrose.

PERCHES AUX OLIVES.

Sur l'Air : *De la Pharaonne.*

Faites-les d'abord cuire en un court
bouillon,
Chacun sçait la façon,
Olives prenez, que vous mettez dans
l'eau,
En ôtant le noyau ;
Sur la braise,
Qu'il vous plaise,
Dans la casserolle à l'instant,
Faire proprement,

Et voici comment,
La sauſſe que mettrez,
Deſſus quand vous ſervirez.

Hachez du perſil, ciboule & cham-
pignon,
Avec diſcrétion,
Dans d'excellent beurre & bien frais &
bien bon,
Faites en la cuiſſon,
Tout de ſuite
Au plus vîte,
Mouillez d'un coulis de poiſſon,
De l'huile, du vin,
Des capres enfin;
Puis d'un citron à jus,
Coupez des tranches deſſus.

PASTE D'ASSIETTE.

Sur l'Air : *De la Siffonne.*

Sur de la pâte fine,
Vous mettrez du godiveau,
Filets de bonne mine
D'un poisson frais & bien beau ;
Truffles, champignon,
Laitance à foison,
Des culs d'artichaux,
Beurre tout nouveau,
Epices comme il faut.

Qu'on le couvre & le mette
Bien cuire au four pour le mieux,
Etant cuit on y jette,
Et verjus & jaunes d'œufs,
Même il est exquis,
D'y joindre un coulis,
D'écrevisses encor,
Qui vous plaira fort,
Et servez tout d'abord.

ou la Cuisine en Musique.

GRENADIN.

Sur l'Air : *Bannissons d'ici*, &c.

DE pâte sur un plat qu'on fasse,
Un bord de trois doigts environ ;
Remplissez le fond avec grace,
De farce & ragoût de poisson.

Il faut qu'on baisse & qu'on rabatte
Les bords dans le même moment,
Que tout soit couvert de la farce,
Et soit uni bien proprement.

Pour y réussir à merveille,
Dans des blancs d'œufs trempez la main,
Puis pannez, je vous le conseille,
Le dessus de mie de pain.

Au four ensuite qu'on le mette,
Puis le dégraisser avec soin,
Prêt de servir qu'on y jette,
Un coulis dont il a besoin.

TERRINE DE POISSON.

Sur l'Air : *Peut-on mieux faire.*

EN homme habile
Coupez anguille,
Carpe gentille,
Et du brochet ;
Par tronçons comme à l'ordinaire,
Puis le tout dans du vin se met,
Assaisonnez ainsi qu'il se doit faire,
Que le goût en devienne parfait.

Dans la terrine
De la farine,
Fritte & bien fine,
Fait liaison :
Joignez-y quelques écrevisses,
Truffles, anchois, capres & maron,
Mettez encore de petites saucisses,
Qu'on aura fait de chair de poisson.

HUITRES FARCIES.

Sur l'Air : *Pour la jeune Cloris,*
Menuet de Pirithoüs.

L'Huitre vous laisserez
Dans sa coquille entiere,
Après la couvrirez,
D'une farce & la pannerez :
Cuire il la faudra faire,
Au four c'est la maniere,
Puis comme l'on sçait
Un coulis bien fait,
Dedans l'huitre on met.

SAUSSES DIFFERENTES.

Sur l'Air : *Des ennuyeux.*

Du vinaigre & du vin aussi,
Que l'on brouille dans une écuelle,
Des clous de girofle parmi,
Du sucre avec de la canelle ;
La sausse douce ainsi se fait,
Qu'ensuite sur la table on met.

Pour la poivrade vous prendrez,
Que ce soit un jour gras ou maigre,
Un oignon que vous couperez,
Du sel, du poivre & du vinaigre,
Et de girofle quelques cloux,
Vous la trouverez de bon goût.

On fait en y mettant du jus,
La sauſſe à pauvre homme appellée,
Du sel, du poivre par deſſus,
De la ciboule bien hachée,
Ou bien huile & ciboule encore,
Avec vinaigre du plus fort.

A la sauſſe au bled verd mettrez
Croute de pain séche & fine,
De ce bled verd vous pilerez,
Puis paſſerez à l'étamine,
Avec sel, poivre, un peu de jus,
Du vinaigre ou bien du verjus.

OEUFS FARCIS.

Sur l'Air : *L'autre jour ma Cloris.*

Douze œufs vous durcissez,
Dont les jaunes on tire,
A leur place ferez
Doucement introduire,
De la farce que l'on va
Faire exprès pour cela.

Dans un mortier pilez
Vos jaunes d'œufs sur l'heure,
Poivre & sel y mettrez,
Muscade la meilleure,
Un peu de lait par dessus,
Et deux jaunes d'œufs crus.

Mie de pain encore,
Persil & ciboulette,
Ensemble brouillez fort,
Puis après que l'on mette,
Dans le four ces œufs remplis,
Ainsi que je le dis.

OEUFS A L'ITALIENNE.

Sur l'Air : *Je ne veux de Tircis*, &c.

Larges de deux bons doigts des ro-
  ties on fait,
Que dans du lait il faut qu'on jette,
Puis à l'instant frire on les met,
Et la farce ainsi l'on apprête.

Ensemble faites cuire anchois & jaunes
  d'œufs,
Persil, ciboule ou ciboulette,
Du beurre qui ne soit pas vieux,
Poivre, sel & capre aigrelette.

Étant cuit & passé que cela soit épais,
Sur les roties faut l'étendre,
Dans de l'huile on les trempe après,
Qu'elles en deviennent plus tendres.

L'huile ôtez avec soin quand vous les
   servirez,
Puis tout autour de cette entrée,
De cerfeuil verd vous garnirez,
Et de betterave coupée.

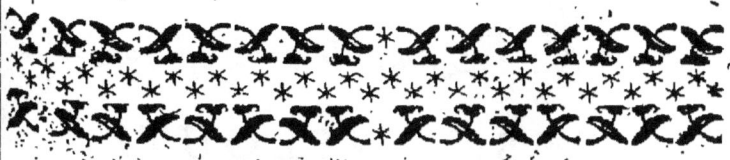

MERINGUES.

Sur l'Air : *Si nos cœurs sont faits.*

D'œufs sans jaune & de sucre en
   poudre,
Qu'ils soient d'un égal poids tous deux,
D'un bon citron la pelure il faut moudre,
Commencez par fouetter les blancs
   d'œufs.

Quand sur le papier on les dresse,
De les former faites un jeu,
En les cuisant jamais on ne les presse,
Mettant dessus comme dessous du feu.

CRESMES DIFFERENTES.

Sur l'Air : *Quand le péril est agréable.*

CRESME VELOUTÉE.

PRenez moitié lait, moitié crême,
Du sucre, écorce de citron,
Amande broyée au pilon,
Et canelle de même.

Jusques au point de la bouillie
Il faut faire chauffer le lait,
Et tant qu'il soit tiéde on le met
Réfroidir qu'il se lie.

Puis de la presure il faut prendre,
Par un linge tout vous passez,
Couvrez d'un plat & le posez,
Chaudement sur la cendre.

ou la Cuisine en Musique.

Quand il est pris de bonne grace,
Avant de pouvoir la servir,
Il faut le faire rafrîchir,
Promptement dans la glace.

CRESME AUX PISTACHES.

Sur le même Air.

Les pistaches étant pilées
Avec chopine de bon lait,
Passerez dans un linge net,
Après être mêlées.

Des œufs au moins demie douzaine,
Otez-en la moitié du blanc,
Un peu de sucre à l'avenant,
Brouillez tout avec peine.

Ecorces de citron pilées,
Cruës & confites aussi,
Et de fleurs d'orange parmi,
Quelques pâtes mêlées.

Festin joyeux,
Faites-la cuire au bain-marie,
Ou sur la cendre doucement,
Les uns la servent chaudement,
Et d'autres réfroidie.

CRESME A L'ECARLATTE.

Sur le même Air.

Avec de la cochenille
Que vous passez avec du lait,
Que le tout soit d'un rouge net
Et d'une odeur suave.

Vous prenez un peu de farine,
Gueres de sel, six jaunes d'œufs,
D'un citron verd bien savoureux,
L'écorce claire & fine.

Du sucre aussi de la canelle,
Au bain-marie cuisez tout,
Observez bien de bout en bout,
La crême sera belle.

CRESME

CRESME AU CHOCOLAT.

Sur le même Air.

LE chocolat on le fait fondre,
Avec du lait dessus le feu ;
De sucre ajoutez quelque peu
Avant de le morfondre.

Surtout metrez-y je vous prie,
Six ou huit jaunes d'œufs bien frais,
Ce que vous ferez cuire après,
Tout doux au bain-marie.

CRESME BRULE'E.

Sur le même Air.

HUit jaunes d'œufs, de la farine,
Canelle, écorce de citron,
Du sucre & sel avec raison,
Du lait une chopine.

Sur le fourneau faites tout cuire,
Un caramel aussi ferez ;
Dans un plat d'argent que prendrez,
Dont il faut vous instruire.

Vous y jetterez cette crême,
Tournant toujours légerement ;
Faites bien cuire promptement,
Avec un soin extrême.

Quand elle sera réfroidie,
Par dessus vous la glacerez,
Avec du sucre qu'y mettrez,
Et la pelle rougie.

CRESME D'AMANDES.

Sur le même Air.

DEs amandes d'abord on pile,
Puis les passerez dans du lait,
Ensuite la crême se fait,
Et n'est pas difficile.

Un grain de sel est nécessaire,
Du sucre & des jaunes d'œufs frais,
Ainsi que dessus, puis après
Ferez à l'ordinaire.

CRESME FRITTE.

Sur le même Air.

ICi vous mettrez dans la crême
Des œufs & le jaune & le blanc,
Et ferez l'assaisonnement,
Comme on sçait & de même.

Quand elle est cuite on la farine,
Et quand elle est froide il vous faut,
La couper par petits morceaux,
Qui soient de bonne mine.

Lorsque l'on veut on la fait frire
Dans une pâte de baignets,
Autrement ces morceaux bien faits,
Pourroient bien se détruire.

CRESME CUITE.

Sur le même Air.

Cette crême est des plus aisée,
Mettez du lait, des jaunes d'œufs,
Pour le goût c'est comme l'on veut,
Après qu'elle est passée.

Dés uns la canelle est amie,
D'autres l'amande & le citron,
La fleur d'orange ou le limon;
On la sert réfroidie.

APPROBATION.

J'Ai lû par ordre de Monseigneur le Chancelier un manuscrit qui a pour titre : *Festin joyeux, ou la Cuisine en Musique*, dont on peut permettre l'Impression. A Paris le 29 Août 1737.

CHERIER.

On trouve chez les mêmes Libraires les Chansons & la Bibliotheque bleue.

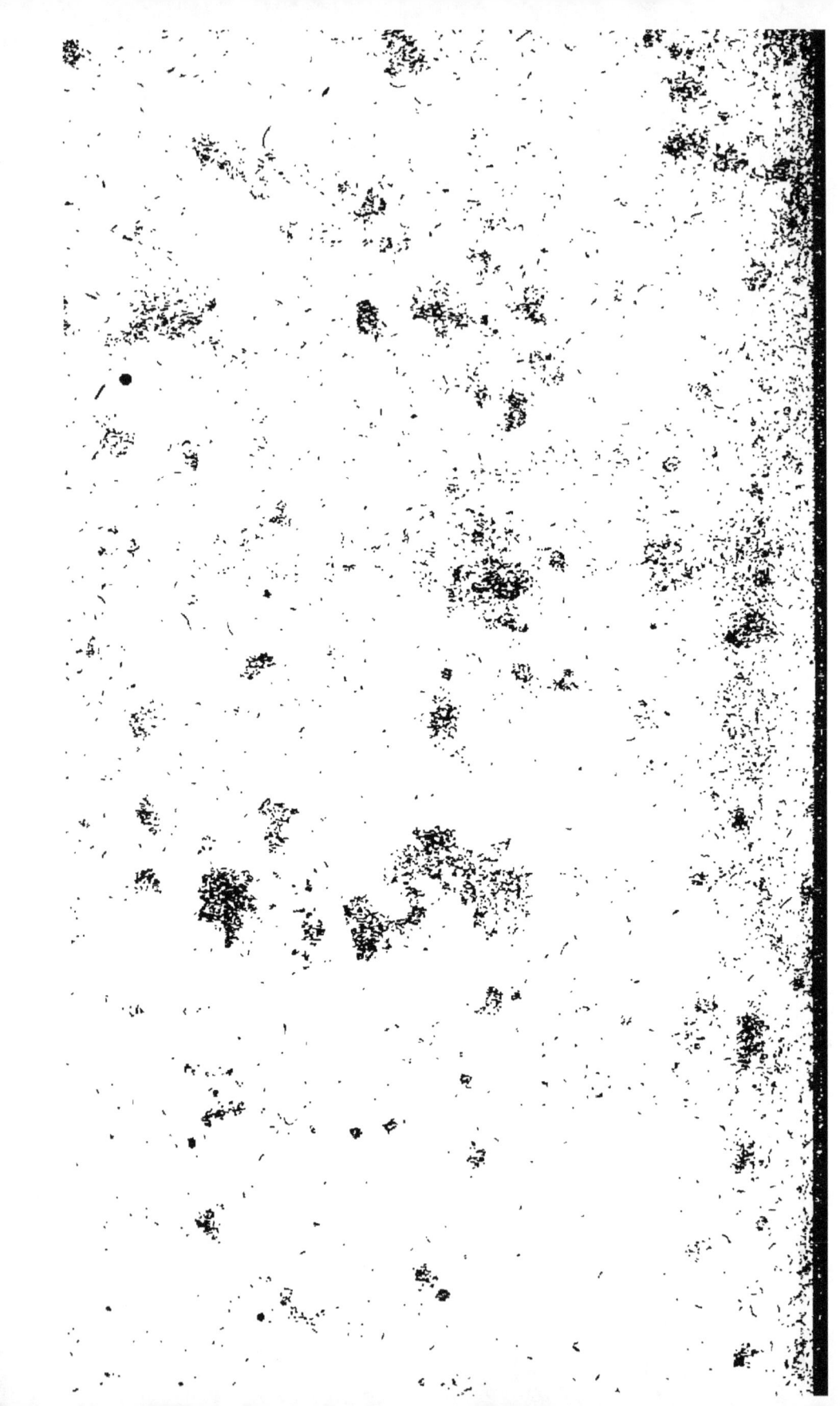

AIRS en Musique DU Festin joyeux.

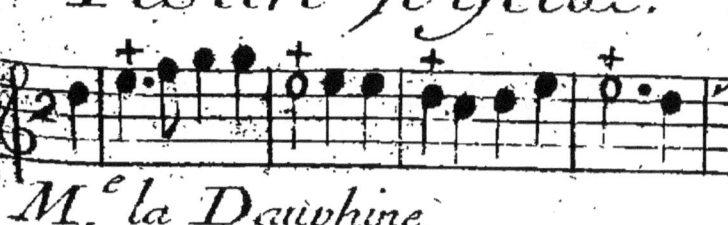

M.^e la Dauphine.

A

Sommes-nous pas trop heureux.

De la fronde.

Les Dieux comptent nos jours.

14

27. Boire à la Capucine.

28. 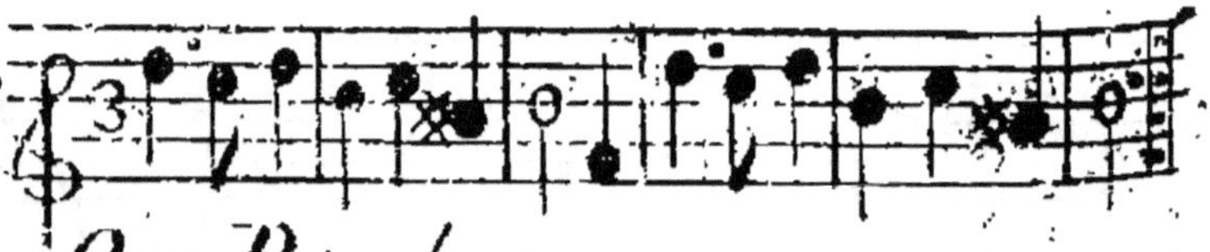 Que Bacchus.

29. Suivons la maxime.

30. Entre cinq ou six.

31. Hé bien.

38. Ma tante mariez-moi donc.

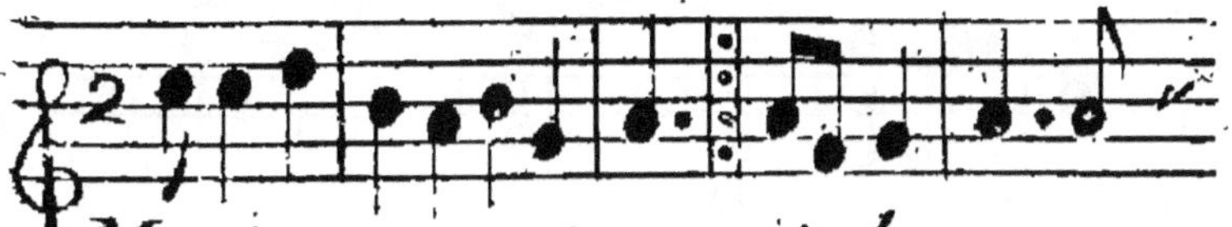

39. 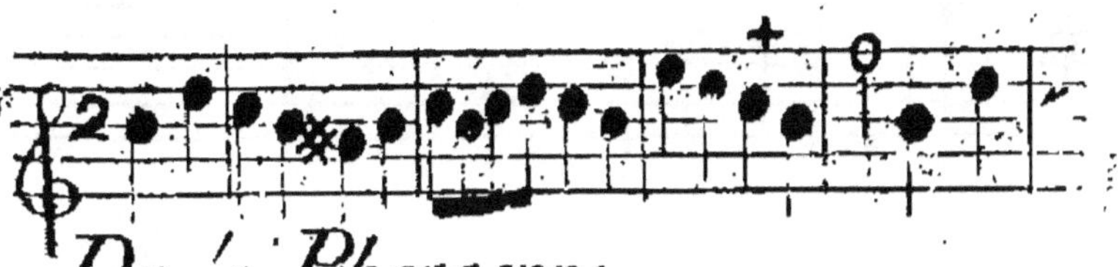 De la Pharaonne.

FIN.

TABLE

Des Services contenus dans l'Ambigu : seconde partie du *Festin joyeux*, ou *la Cuisine en Musique*.

Avant-propos.	Page 1
L'Abondance.	2

Plusieurs Services à choisir.

Premier Service.	3
Deuxiéme Service.	4
Troisiéme Service.	7
Quatriéme Service, Hors-d'œuvre.	9
Cinquiéme Service.	13
Sixiéme Service.	14
Entremêts, septiéme Service.	15
Suite des Entremêts.	18
Maniere de servir.	19
Coulis de veau & jambon.	20
Le jus de bœuf.	22
Jus ou coulis de veau.	24
Les Atelettes.	26
Sauſſe hachée.	Idem
Petits pâtez.	27

A

Table

Différents Potages.

Potage de santé, ou Julienne.	28
Potage ou bisque de petits pigeons.	30
Autre potage, Julienne.	32
Potage, coulis à la Reine.	34
Potage au ris.	36
Potage aux lentilles.	38
Potage de poulets farcis à la purée de pois.	40
Potage de têtes d'agneaux au coulis d'amandes.	41
Potage de canards aux navets.	42
Potage de pigeons, perdrix ou cailles aux choux.	43
Potage de cailles au blanc manger.	45
Potage de chapon au coulis d'herbes.	47
Potage de poularde ou poulets aux oignons.	48
Potage aux truffles.	49
Potage d'issue d'agneau.	50
Potage d'Oil en gras.	51
Fricassée de poulets.	54
La piéce de bœuf au sel.	56
Pâté chaud de lapins ou pigeons.	57
Poularde aux huitres.	58
Terrine de tendrons de veau & queues de mouton, à la purée de pois verds.	59

des Services.

Perdrix aux truffles vertes. 61
Eclanche à la paysanne. 62
Faisan à la sausse à la carpe. 63
La compote de pigeons. 64
Perdreaux, sausse à l'Espagnolle. 64
Tourterelles aux écrévisses. 65
Les cailles aux cerneaux. 67
Hure de porc gras en balon. 68
Hure de sanglier. 70
Cochon de lait en galantine. 72
Tête de bœuf à l'Angloise. 73
Rôt de bisse de mouton. 77
Dindon à deux faces. 78
Tête de veau marinée. 79
Quartier d'agneau au sang. 81
Andouilles de porc. 82
Pieds à la sainte Menou. 84
Liévre à la Suisse. 86
Lapereaux à l'Espagnolle. 88
Lapereau au jambon. 90
Lapereau à la Turque. 91
Perdreaux aux écrevisses. 92
Epaule de veau marinée au lait. 93
Pigeonneaux goupis. 94
Pigeonneaux à la Lune. 96
Pigeons au Soleil. 98
Poularde à la Tartare. 100
Poulets à la paysanne. 101
Poulets & noix de veau en fricandeaux. 102

A ij

Table

Poulets mignons. 104
Dindon à la Saingaras. 106
Poupetton d'allouettes. 108
Ouille de Flandres. 110
Fraise de veau marinée, & cuite au lait. 112
Fricandeaux en ragoût. 113
Foyes gras en crépine. 114
Pieds de mouton farcis. 115
Cotelettes en surprise. 116
Poupiette farcie. 118
Pain au jambon. 120
Bouillon en pastilles. 122
Boudin blanc. 124
Blanc manger. 126

Différents Potages.

Potage aux écrevisses. 128
Potage aux moules. 131
Potage au fromage de Parmesan. 133
Potage de tortue. 135
Potage de sole en gras. 137
Potage de carpe farcie en gras. 139
Potage de brochet. 140
Le jus en maigre. 141
Coulis en maigre. 143
Galantine de poisson. 144
Pâté de macreuse. 146
Brochet rôti à la Baviere. 147
Matelotte aux petits oignons. 148

des Services.

Soles à l'Espagnolle.	149
Tourte d'anguille.	151
Carpe farcie sur l'arrête.	153
Carpe en gras farcie sur l'arrête.	155
Carpe farcie à l'Angloise.	157
Mere carpe à la Chambord.	159
Hure de saumon à la braise.	162
Truites aux huitres.	163
Macreuse en ragoût aux huitres, & laitance de carpe.	166
Soles à la sainte Menou.	167
Anguille à l'Angloise.	168
Lottes à l'Allemande.	170
Vives aux truffles vertes.	171
Perches aux olives.	172
Pâte d'assiette.	174
Grenadin.	175
Terrine de poisson.	176
Huitres farcies.	177
Saulses différentes.	Idem
Oeufs farcis.	179
Oeufs à l'Italienne.	180
Meringues.	181

Crêmes différentes.

Crême veloutée.	182
Crême aux pistaches.	183
Crême à l'écarlatte.	184

A iij

Crême au Chocolat. 185
Crême brûlée. *Idem*
Crême d'amandes. 187
Crême fritte. 188
Crême cuite. 189

Fin de la Table des Servises.

TABLE

Des Chansons contenues dans l'Ambigu : seconde partie du *Festin joyeux*, ou *la Cuisine en Musique*.

Le Dieu Comus ordonne, sur l'Air : *Madame la Dauphine.* Page 1

Les jours de réjouissance, sur l'Air : *Des sauts de Bourdeaux.* 2

Le couvert mis bien galamment, sur l'Air : *De Joconde.* 3

Eclanche à la paysanne, sur l'Air : *Du Cap de bonne Espérance*, ou, *Quand Moyse fit deffense.* 4

Perdrix en soupe à la Reine, sur l'Air : *Que César pousse Pompée.* 7

Aux tortues des poulets, sur l'Air : *Sommes-nous pas trop heureux.* 9

Dès qu'on a levé les entrées, sur l'Air : *De la Fronde.* 13

Les plats de rôts sont ensuite, sur l'Air : *Je veux boire à ma Lisette.* 14

Langue fourrée & quelque galantine, sur l'Air : *Des Canaries.* 15

A iiij

Table

La fève se met à la crême, sur l'Air :
Dès le matin quand je m'éveille. 18

On peut mettre un Oil au milieu, sur
l'Air : On n'aime point dans nos forêts.
19

Voici le coulis je commence, sur l'Air :
Des folies d'Espagne. 20

Pour faire le bon jus de bœuf, sur l'Air :
De Joconde. 22

Du jus si vous en voulez faire, sur l'Air :
Chantons pour l'amour de Marie. 24

Il faut avoir des ris de veau, sur l'Air :
Ah ! mon mal ne vient que d'aimer. 26

Persil & champignons, sur l'Air : Les
Dieux comptent nos jours. 26

D'abord dans la tourtiere, sur l'Air :
Tes beaux yeux ma Nicole. 27

Avec du veau, bœuf & mouton, sur
l'Air : Vous qui vous mocquez per vos ris.
28

De voliere mettez pigeons, Sur le même
air. 30

Des tiges de pourpier prenez, Sur le
même air. 32

D'une poule prenez le blanc, Sur le même air. 34

Le ris bien lavé, bien séché, Sur le même air. 36

Pour pigeons, canards ou perdrix, Sur
le même air. 38

des Chansons. 9

Fricassez d'abord les poulets, sur l'Air :
Vous qui vous mocquez par vos ris. 40

Mettez foyes & têtes d'agneau, *Sur le même air.* 41

Piquez un canard de lardons, *Sur le même air.* 42

Blanchissez des choux verds ou blancs, *Sur le même air.* 43

Les cailles dans de bon bouillon, *Sur le même air.* 45

La soupe avec croutes de pain, *Sur le même air.* 47

Dans du bouillon mitonnerez, *Sur le même air.* 48

Vous ferez cuire en du bouillon, *Sur le même air.* 49

La soupe d'issue d'agneau, *Sur le même air.* 50

Huit ou bien dix livres de tranche, sur l'air : *Quand je vous dis que je vous aime.* 51

Les poulets, sur l'Air : *Dans nos champs.* 54

Faites cuire bien à propos, sur l'Air : *Que j'estime mon cher voisin.* 56

Dressez votre pâté en rond, sur l'Air : *Le Seigneur Turc a raison.* 57

D'une poularde tendre, sur l'Air : *Il n'est rien de plus tendre.* 58

D'un veau gras coupez les tendrons, sur l'Air : *Du cotillon de Thalie.* 59

Rotissez perdrix excellentes, sur l'Air :
   Quand je tiens de ce jus d'Octobre. 61
Desossez-bien une fort grosse éclanche,
   sur l'Air : *Je fais souvent raisonner ma*
   musette. 62
Comme on fait à la paysanne, sur l'Air :
   Réveillez-vous belle endormie. 63
Que des pigeons les os l'on casse, sur
   l'Air : *Ce n'est pas la mine.* 64
Lardez de jeunes perdreaux, sur l'Air :
   Mocquons-nous des ambitieux. 64
Après avoir farci les tourterelles, sur
   l'Air : *Préparons-nous pour la fête, &c.*
   65
La caille aux cerneaux vous demande,
   sur l'Air : *Vous brillez seule dans ces, &c.*
   67
D'un porc bien gras il faut prendre la
   hure, sur l'Air : *Heureux l'amant.* 68
D'une hure de sanglier, sur l'Air : *Elle*
   m'appelle médisant, ou, *A la venue de*
   Noël. 70
Voici la façon la plus sûre, sur l'Air :
   Marie-Anne étoit coquette. 72
D'un bœuf on desosse la tête, sur l'Air :
   Quand on a quitté ce qu'on aime. 73
D'abord que l'on divise, sur l'Air :
   Qu'on apporte bouteille. 77
Ayez un dindon gras & tendre, sur
   l'Air : *Quel plaisir d'aimer sans contrain-*
   te. 78

des Chansons.

Quand la tête sera cuite, sur l'Air : *La Musique est incommode.* 79

D'une volaille ayez le sang qui coule, sur l'Air : *Quand tes beaux yeux*, ou, *Les prez, les bois.* 81

Vous laverez tout à l'aise, sur l'Air : *C'est à toi mon camarade.* 82

L'un après l'autre de ces pieds, sur l'Air : *Or écoutez petits & grands*, ou, *Des pendus.* 84

Un levreau pour bien faire, sur l'Air : *Je vous avois cru belle.* 86

Deux petits lapereaux que l'on prenne, sur l'Air : *Non jamais vous ne fûtes si belle.* 88

A la broche on fait sa cuisson, sur l'Air : *Si-tôt qu'à table.* 90

Etant crus d'abord on les desosse, sur l'Air : *Notre espoir.* 91

D'abord bien cuire vous les faites, sur l'Air : *Sortez de l'amoureux Empire.* 92

Une épaule de bonne mine, sur l'Air : *Goutons bien les plaisirs bergere.* 93

D'un lard bien frais & tendre, sur l'Air : *Je n'ai plus de maîtresse.* 94

Des pigeonneaux bien farcis, sur l'Air : *Va-t-en voir s'ils viennent.* 96

Des pigeons vous plumez, sur l'Air : *Dequoi vous plaignez-vous.* 98

12 *Table*

Mettez poularde en casserolle, sur l'Air :
 J'entends déja le bruit des armes. 100

La tête & les pieds vous laissez, sur
 l'Air : *Si l'Amour étoit moins malin.*
101

Deux ou trois poulets qu'on choisisse,
 sur l'Air : *Pierre Bagnolet.* 102

Ecorchez quelques poulets tendres, sur
 l'Air : *Ce n'est point par effort qu'on aime,*
104

A la broche on le fait cuire, sur l'Air :
 L'Amour plaît malgré ses peines. 106

Au fond d'une poupetonniere, sur
 l'Air : *Noël pour l'amour de Marie.*
108

Du mouton il faut prendre, sur l'Air :
 Une jeune pucelle. 110

Vous ferez cuire à l'ordinaire, sur l'Air :
 Pourquoi n'avoir pas le cœur tendre.
112

Du bon veau que l'on prenne, sur l'Air :
 Boire à la Capucine. 113

Pilez des foyes partie, sur l'Air : *Nous*
 allons en vendange. 114

Etant cuits on les desosse, sur l'Air :
 Que Bacchus est doux à suivre. 115

Chaque cotelette, sur l'Air : *Bacchus est*
 aimable. 116

Des tranches de bœuf coupez, sur l'Air :
 De Lampons. 118

des Chansons. 13

D'un jambon bien tendre, sur l'Air :
 Suivons la maxime.   120

Prenez de bœuf une tranche, sur l'Air :
 Pierrot se plaint que sa femme.   122

Le blanc d'une volaille, sur l'Air : *Laissez paître vos bêtes.*   124

Prenez trois ou quatre pieds de veau,
 sur l'Air : *Le démon malicieux & fin.*
          126

Dedans une claire purée, sur l'Air :
 Adieu paniers.   128

Moules épluchez, sur l'Air : *Aimable vainqueur.*   131

Prenez d'un pain des tranches, sur l'Air :
 Suivons l'Amour.   133

Otez tête & jambes de tortue, *Sur le même air.*   135

De farce il faudra qu'on la garnisse, *Sur le même air.*   137

Desossez une carpe bien grosse, *Sur le même air.*   139

Deux ou trois brochetons que l'on farcisse, sur l'Air : *Etre cinq ou six.*   140

Oignons & racines coupez, sur l'Air :
 Hé! bien.   141

Passez racines & oignons, sur l'Air : *A la façon de Barbari, mon ami.*   143

Ayez persil, pistaches des plus belles,
 sur l'Air : *Des folies d'Espagne.*   144

D'abord on cuit à demi la macreuse,

Table

sur l'Air : *De la baguette de Vulcain.*
146.

D'une farce bien fine, sur l'Air : *Que pas un ne recule.* 147

Mettez carpe & brochetons, sur l'Air : *Nous sommes de l'armée navale.* 148

Des soles on met frire, sur l'Air : *J'espérois que ma flamme.* 149

Ecorchez, coupez des anguilles, sur l'Air : *On verra régner l'innocence.*
151

Deux carpes prenez de grosseur pareille, sur l'Air : *Iris est-il un cœur qui ne vous céde.* 153

Pour la farce il faudra faire, sur l'Air : *Dans ces lieux tout rit sans cesse.* 155

Faites la farce en homme habile, sur l'Air : *Nos Pélerins ont bonne mine.*
157

Une grosse carpe ayez des plus belles, sur l'Air : *Dupont mon ami.* 159

Faites d'anchois & d'anguilles, sur l'Air : *Le joli moulin.* 162

Truites prenez, sur l'Air : *Nanon dormoit.* 163

Tout d'abord plumée, sur l'Air : *Assis sur l'herbette.* 166

Fondez de bon beurre frais, sur l'Air : *De la Testart.* 167

L'anguille il faut dépouiller, sur l'Air :
 Vous le sçavez bien. 168
D'abord vous les échaudez bien, sur
 l'Air : *De la Fanatique.* 170
En casserolle vous mettrez, sur l'Air :
 Ma Tante mariez-moi donc. 171
Faites-les d'abord cuire en un court-
 bouillon, sur l'Air : *De la Pharaonne.*
 172
Sur de la pâte fine, sur l'Air : *De la*
 Sissonne. 174
De pâte sur un plat qu'on fasse, sur :
 l'Air : *Bannissons d'ici.* 175
En homme habile, sur l'Air : *Peut-on*
 mieux faire. 176
L'huitre vous laisserez, sur l'Air : *Pour*
 la jeune Cloris, Menuet de Pirithous.
 177
Du vinaigre & du vin aussi, sur l'Air :
 Des Ennuyeux. 179
Larges de deux bons doigts des rôties
 on fait, sur l'Air : *Je ne veux de Tircis.*
 180
D'œufs sans jaunes, & de sucre en poudre, sur l'Air : *Si nos cœurs sont faits.*
 181
Prenez moitié lait, moitié crême, sur
 l'Air : *Quand le péril est agréable.* 182
Les pistaches étant pilées, *Sur le même*
 air. 183

Avec de la cochenille, sur l'Air : *Quand le péril est agréable.* 184

Le chocolat on le fait fondre, *Sur le même air.* 185

Huit jaunes d'œufs, de la farine, *Sur le même air.* 185

Des amandes d'abord on pile, *Sur le même air.* 187

Ici vous mettrez dans la crème, *Sur le même air.* 188

Cette crème est des plus aisées, *Sur le même air.* 189

Fin de la Table des Chansons.

TABLE

TABLE

Des Airs contenus dans le *Festin joyeux*, ou *la Cuisine en Musique*: tant dans le Repas par Services, que dans l'Ambigu. Le chiffre Romain marque le Repas par Services, & le chiffre Arabe l'Ambigu.

QUAND Moyse fit deffense, &c.
                          Page j lxj 4.
Sur l'Air de Joconde, *ou*, Cher Bacchus.   IV x 3 22
Si ton cœur, belle Iris, commence à s'enflammer.   v xij 180
Vous qui vous mocquez par vos ris, &c.
    vij. 28 30 32 34 36 38 40 41
    42 43 45 47 48 49 50.
Petits Moutons qui dans la plaine, *ou*, Quand le péril est agréable.   xiij
    xxxix lxij 182 183 184 185 187
    188 189.

                                    B.

Quand on a prononcé ce malheureux
    oui, oui.   xxiv

Il faut que je file, file.   xvj

Sur l'Air des Feuillantines.   xix

Sur l'Air des Pélerins de Cythere, ou,
    de saint Jacques.   xxv

Beautez plus friandes qu'un chat. xxviij

Almanach, Almanach nouveau. xxix

Dans nos champs l'amour de Flore, &c.
     xxxj 54

Petits oyseaux rassurez-vous. xxxiij

Adieu paniers vendanges sont faites.
     xxxv 128

A la façon de Barbari mon ami, &c.
     xxxvij 143

Préparons-nous pour la Fête nouvelle.
     xlj xliij 65

Mon mari est un yvrogne, ou, Pierrot
    se plaint que sa femme.   xlj

Réveillez-vous belle endormie, &c.
     xlij 63

Vous brillez seule dans ces retraites.
     xliv xlv xlvj 67

Elle m'appelle médisant, ou, A la ve-
    nüe de Noël.   xlvij 70

Madame la Dauphine.   1

Que César pousse Pompée.   7

Sommes-nous pas trop heureux, &c.
     9

des Airs.

Sur l'Air de la Fronde. 13
Je veux boire à ma Lifette. 14
Les Canaries. 15
Dès le matin quand je m'éveille, &c. 18
On n'aime point dans nos forêts. 19
Chantons, *ou*, Noël pour l'amour de Marie. 24. 108
Ah ! mon mal ne vient que d'aimer, &c. 26
Les Dieux comptent nos jours, &c. 26
Tes beaux yeux ma Nicole me boutent tout en feu. 27
Quand je vous dis que je vous aime, &c. 51
Que j'eſtime mon cher voiſin, &c. 56
Le Seigneur Turc a raiſon. 57
Il n'eſt rien de plus tendre. 58
Cotillon de Thalie. 59
Quand je tiens de ce jus d'Octobre, &c. 61
Je fais souvent raisonner ma musette. 62
Ce n'eſt pas la mine. 64
Mocquons-nous des ambitieux, &c. 64

B iij

Heureux l'Amant. 68
Marie-Anne étoit coquette. 72
Quand on a quitté ce qu'on aime, *ou*,
  Quel plaisir d'aimer sans contrainte.
                                73 78
Qu'on apporte bouteille, *ou*, J'espérois
  que ma flamme. 77 149
La Musique est incommode. 79
Quand tes beaux yeux, *ou*, Les prez
  les bois. 81
C'est à toi, mon camarade. 82
Je vous avois crû belle. 86
Non jamais vous ne fûtes si belle, &c.
                                88
Si-tôt qu'à table. 90
Notre espoir. 91
Sortez de l'amoureux empire. 92
Goûtons bien les plaisirs, Bergere, &c.
                                93
Je n'ai plus de maîtresse. 94
Va-t-en voir s'ils viennent, Jean, &c.
                                96
De quoi vous plaignez-vous, &c.
                                98
J'entends déja le bruit des armes, &c.
                                100
Si l'amour étoit moins malin. 101
Pierre Bagnolet. 102

des Airs.

Ce n'est point par effort qu'on aime, &c. 104

L'Amour plaît malgré ses peines, &c. 106

Une jeune pucelle. 110

Pourquoi n'avoir pas le cœur tendre. 112

Boire à la Capucine. 113

Que Bacchus est doux à suivre, &c. 115

Bacchus est aimable 116

Sur l'Air de Lampons. 118

Laissez paître vos bêtes pastoureaux, &c. 124

Le démon malicieux & fin. 126

Puissant Dieu du vin, ou, Aimable vainqueur. 131

Suivons l'Amour. 133 135 137 139

Etre cinq ou six. 140

Hé ! bien. 141

La baguette de Vulcain. 146

Que pas un ne recule. 147

Nous sommes de l'armée navale, &c. 148

On verra régner l'innocence. 151

Iris est-il un cœur qui ne vous céde. 153

Dans ces lieux tout rit sans cesse, &c. 155

Nos Pélerins ont bonne mine. 157
Dupont mon ami. 159
Le joli moulin. 162
Nanon dormoit, sur la verte feugere.
163
Assis sur l'herbette Tyrcis l'autre jour.
166
La Testart. 167
Vous le sçavez bien. 168
La Fanatique. 170
Ma Tante mariez-moi donc. 171
La Pharaonne. 172
La Sissonne. 174
Bannissons d'ici l'humeur noire, &c.
175
Peut-on mieux faire. 176
Pour la jeune Cloris, *Menuet de Pirithoüs*. 177
Les ennuyeux. *Idem*
L'autre jour ma Cloris. 179
Si nos cœurs sont faits l'un pour l'autre.
181
Les folies d'Espagne. xlix 20 144
Quatrains de Pibrac. lj
De tous les Capucins du monde, &c.
liij lxxxj
Quoi ma voisine est-tu fachée, *ou*
Quand on a du vin de Champagne.
lv

Air des pendus. lvj 84
Durus ce grand Capitaine, ou, Les sauts
   de Bourdeaux. lix 3
Suivons la maxime. lxiij 120
Nous allons en vendange. lxv 114
Comme une hirondelle au Printemps.
   lxvj
A la santé de celui. lxviij
Là haut sur ces montagnes le monde est
   renversé. lxix
Les Bourgeois de Châtres. lxix lxxij

Fin de la Table des Airs.

PRIVILEGE DU ROI.

LOUIS par la grace de Dieu Roi de France & de Navarre, à nos Amez & féaux Conseillers les Gens tenants nos Cours de Parlement, Maîtres des Requêtes ordinaires de notre Hôtel, Grand Conseil, Prevôt de Paris, Baillifs, Sénéchaux, leurs Lieutenants Civils & autres nos Justiciers qu'il appartiendra, Salut. Notre bien Amé JEAN LESCLAPART pere, Libraire à Paris nous ayant fait supplier de lui accorder nos Lettres de permission pour l'Impression d'un manuscrit, qui a pour titre : *Le Festin joyeux, ou, La Cuisine en Musique*, qu'il souhaiteroit faire imprimer & donner au Public, offrant pour cet effet de le faire imprimer en bon papier & beaux caractéres, suivant la feuille imprimée & attachée pour modele sous le contre-scel des Présentes. Nous lui avons permis & permettons par ces Présentes de faire imprimer ledit Livre ci-dessus spécifié, conjointement ou séparément, & autant de fois que bon lui semblera, & de le vendre, faire vendre & débiter par tout notre Royaume pendant le temps de trois années

années consécutives, à compter du jour de la datte desdittes Présentes. Faisons deffenses à tous Libraires, Imprimeurs & autres personnes de quelque qualité & condition qu'elles soient, d'en introduire d'impression étrangere dans aucun lieu de notre obéissance: à la charge que ces Présentes seront enregistrées tout au long sur le Registre de la Communauté des Imprimeurs & Libraires de Paris, dans trois mois de la datte d'icelles: Que l'impression de ce Livre sera faite dans notre Royaume, & non ailleurs; & que l'Impétrant se conformera en tout aux Réglements de la Librairie, & notamment à celui du dixiéme Avril mil sept cens vingt-cinq: & qu'avant que de l'exposer en vente le manuscrit ou imprimé qui aura servi de copie à l'impression dudit Livre, sera remis dans le même état où l'Approbation y aura été donnée, ès mains de notre très-cher & féal Chevalier le Sieur DAGUESSEAU, Chancelier de France, Commandeur de nos Ordres: & qu'il en sera ensuite remis deux Exemplaires dans notre Bibliothéque publique, un dans celle de notre Château du Louvre, & un dans celle de notredit très-cher & féal Chevalier le Sieur DAGUESSEAU, Chancelier de France, Commandeur de nos Ordres, le tout à peine de nullité des Présentes. Du contenu desquelles vous mandons & enjoignons de faire jouir l'Exposant ou ses ayans cause pleinement & paisiblement, sans souffrir qu'il leur soit fait aucun trouble ou empêchements : Voulons qu'à la copie desdittes Présentes, qui sera imprimée tout au long au commencement ou à la fin dudit Livre, foi soit ajoutée comme à l'Original. Commandons au premier notre Huissier ou Sergent de faire pour l'exécution d'icelles tous actes requis & nécessaires, sans demander autre permission : & nonobstant Clameur de Haro, Chartre Normande, & Lettres à ce contraires : Car tel est notre plaisir. Donné à Fontainebleau le dixiéme jour d'Octobre, l'an mil sept cens trente-sept : Et de notre Régne le vingt-troisiéme.

SAINSON.

Regiſtré ſur le Regiſtre neuf de la Chambre Royale des Libraires & Imprimeurs de Paris, N°. 537, Fol. 503. *conformément aux anciens Réglemens, confirmez par celui du vingt-huit Février mil ſept cens vingt-trois. A Paris le 12 Octobre 1737.*

LANGLOIS., *Syndic.*

Les Exemplaires ont été fournis.

EXPLICATION

De la Table de quatorze à quinze Couverts, servie de trois Services à treize.

1. Carpe farcie à la Chambord, Sur l'Air : *Quand Moyse fit deffense.* Page j
Et sur l'Air : *Dupont mon ami.* 159
2. Potage de tête d'agneau, coulis à la Reine, Sur l'Air : *Si ton cœur belle Iris commence à s'enflammer.* v
3. Potage d'un oison à la purée de pois verds, Sur l'Air : *Vous qui vous mocquez par vos ris.* vij
4. Pâté chaud de lapereaux, Sur l'Air *Des Feuillantines.* xix
5. Terrine de queues de mouton, aîlerons aux choux, Sur l'Air : *Je ne veux de Tyrcis qu'entendre les chansons.* xxiij
6. Fricassée de poulets, Sur l'Air : *Dans nos champs l'amour de Flore.* xxxj 54

7. Perdreaux, sauſſé à l'Eſpagnolle, Sur l'Air : *Non jamais vous ne fûtes ſi belle.*
xxxiij 88

8. Cailles à la Hollandoiſe, Sur l'Air : *Des Pélerins de ſaint Jacques.* xxv

9. Canard de Meunier, à la Montmorenci, Sur l'Air : *Almanach, Almanach nouveau.* xxix

10. Pieds de moutons farcis, Sur l'Air : *Quand on a prononcé ce malheureux oui.*
xiv 115

11. Allouettes, ou cailles au gratin, Sur l'Air : *Cher Bacchus.* x

12. Pigeonneaux innocens aux écreviſſes, Sur l'Air : *Petits moutons qui dans la plaine.* xij

13. Petits pâtez à l'Eſpagnolle, Sur l'Air : *Il faut que je file, file.* xvj

FESTIN

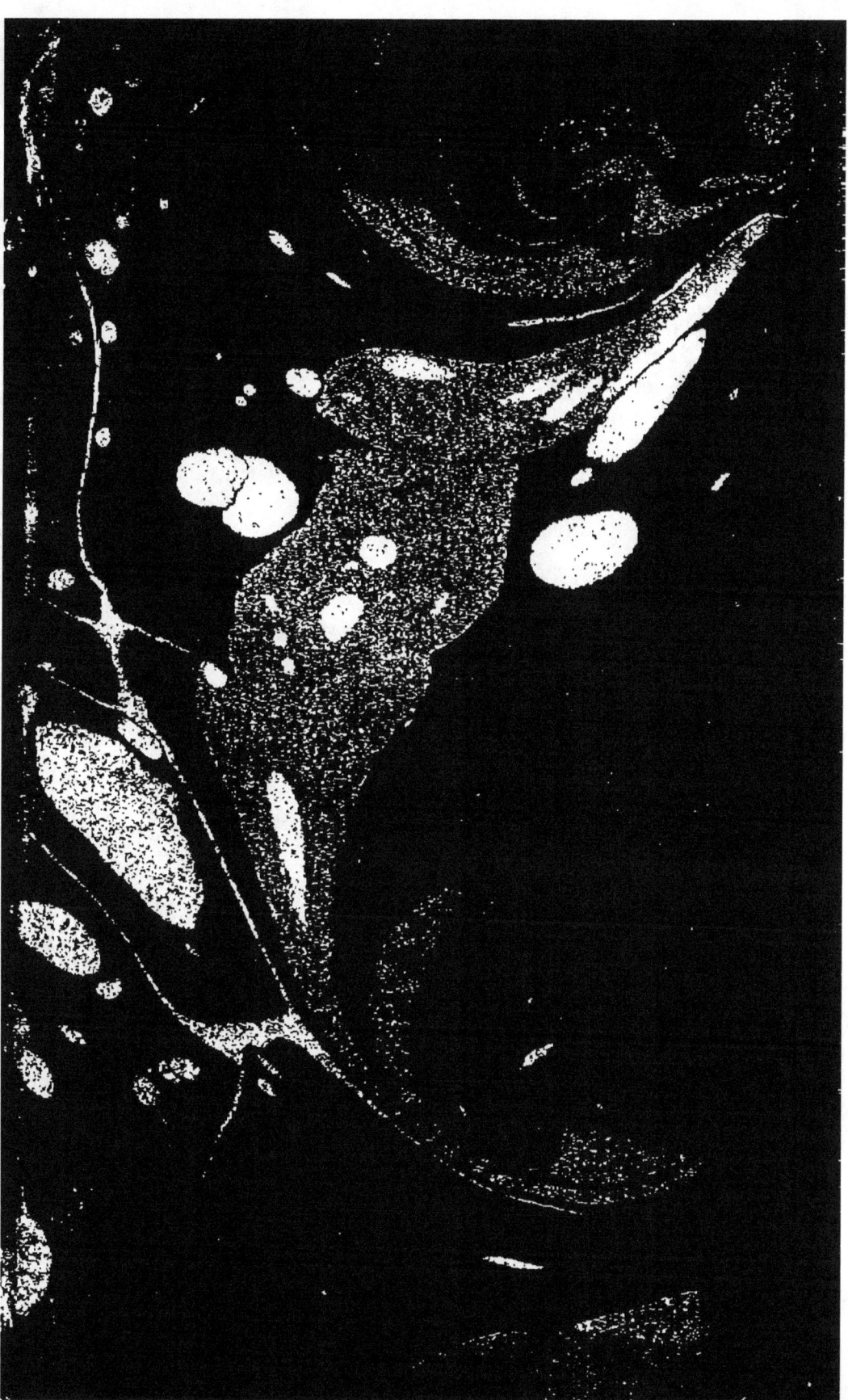

www.ingramcontent.com/pod-product-compliance
Lightning Source LLC
Chambersburg PA
CBHW050256170426
43202CB00011B/1712